NHK学園「パーソナルカラー講座」監修 トミヤマチマコのカラー診断講座

はじめての
パーソナルカラー

いろ、色、彩・・・・

私たちの周りに満ちあふれている色は
素晴らしいパワーを持った魔法使いです
魔法の杖をさっと一振りすれば
あなたの個性や美しさは輝き出すことでしょう

あなたを輝かせる色をパーソナルカラーと言います

パーソナルカラーは眠っている個性を揺り動かし
内なる声を目覚めさせてくれます

パーソナルカラーはあなたの肌や髪や目の色に呼びかけ
あなた本来の色を生き生きと魅力的に見せるパワーを持っています

パーソナルカラーを見つけましょう

色のパワーを活用すれば、つややかな肌も、生き生きした表情も
見違えるような若々しさもあなたのものです

はじめに

　パーソナルカラーが日本に紹介されて以来、20余年の年月が過ぎようとしています。当初は「あなたにお似合いの色を見つけます」という斬新なキャッチフレーズとともに、アメリカから渡来したニュービジネスとして脚光を浴びました。その後、色をアイテムとして使うサービス業なのか、色彩の専門分野なのか基準が定まらないままに多くのパーソナルカラリストたちが育成され、その華やかさとは裏腹に問題点や疑問点も指摘されてきました。

　今日、色彩知識の資格検定などが実施され、広く色への興味が高まっている社会環境の中でパーソナルカラーは再び注目されています。この本を手に取られる方の中にも、ご自身のパーソナルカラーを知りたいという方と、パーソナルカラリストという職種に興味をお持ちの方と、両方いらっしゃることでしょう。本書はその両方のニーズに応えるために書かれています。

● ● ● ●

　色は一般的に考えられているほど感覚的な現象ではありません。理論的な組み立ての上に解明され、だれにでも共通に伝わるものです。パーソナルカラーもまた、感覚優先の経験則に従って色を分類しているものではありません。いかに華やかなパフォーマンスがあろうと、饒舌なトークがあろうと、色の特性を見分ける技能を持たないプロのパーソナルカラリストはありえません。

　私がパーソナルカラーを通じてお伝えしたいのは、どの分野にも共通に使える色の基本的な見方です。色の基礎知識や見方は、生活の中でとても便利に使える「優れものの道具」のようなものです。ご自身のパーソナルカラーに興味がある方もプロを目指される方も、楽しく基本を理解していただけたらと願っております。

　なお、本書では呼称をパーソナルカラリストに統一していますが、類似のネーミングはほかにもたくさんあるようです。

トミヤママチコ

●トミヤママチコ（冨山眞知子）プロフィール
東京都出身。成蹊大学卒。1986年パーソナルカラリスト国際ライセンス取得後、1989年株式会社パーソナルカラー研究所スタジオHOW設立。1997年NHK学園通信講座「カラーコーディネート」開講に伴い、監修およびテキスト執筆。2002年有限会社プランニングHOW設立。現在、NHK文化センター、朝日カルチャーセンター等のカルチャースクール約10ヵ所の担当講座監修、パーソナルカラリスト養成、企業研修、講演、商品企画、出版等多方面で活躍。NPO日本パーソナルカラー協会副理事長。色彩学会会員。

Contents

はじめに … 3

フォーシーズン別コーディネート例
色選びの法則を知れば
いろんな私を演出できる! … 6

好きな色と似合う色の関係 … 10

Check あなたはどんな色が好き? … 12

Check あなたにはどんな色が似合う? … 14

タイプ別 こんな色が似合います … 16

パーソナルカラーはあなたの魅力を引き出す似合う色 … 18

Part1 基礎編

Lesson ❶ パーソナルカラーってなぁに?
20

パーソナルカラーってどんなもの? … 20
パーソナルカラーの診断法 … 21

●column
こんなシーンで使えるパーソナルカラー … 21
パーソナルカラーの大きな特徴 … 22
●column
知っておきたい色彩調和論 … 24
パーソナルカラーの分類法 … 26
●column
診断するパーソナルカラリストによって
結果が違うこともあります … 27
パーソナルカラーでの色の見方 … 28

Lesson ❷ 色ってなぁに?
32

パーソナルカラーでの色の見方 … 32
色の要素 ❶ 光 … 33
色の要素 ❷ 物体 … 34
色の要素 ❸ 視覚 … 35
色の不思議を体験しよう … 36

Lesson ❸ 色の分類法を学びましょう
40

色の三属性をマスターしましょう … 40
色の三属性 ❶ 色相 … 42
●column
色相環はイエロー・マゼンタ・シアンの3色でできます … 42
色の三属性 ❷ 明度 … 46
色の三属性 ❸ 彩度 … 48
トーン … 51
配色について … 55

Part 2 実践編

Lesson 4
診断の基礎を学びましょう
58

診断を始める前に　　　　　　　　　58
色の特徴を理解しましょう　　　　　60
フォーシーズンのカラーパレット　　62
分析のポイント　　　　　　　　　　64
診断してみましょう　　　　　　　　65
診断NAVI　　　　　　　　　　　　66
確認しましょう　　　　　　　　　　70
● column
パーソナルカラリストはすぐ似合う色がわかるの？　70
判断に迷ったときの決め手　　　　　72

Lesson 5
フォーシーズンのコーディネート術
74

パーソナルカラーを活用してみましょう　　74
● column
コーディネートには配色も大切!　　75

春の人	若々しくてキュートな印象 鮮やかな色が似合います	76
秋の人	大人っぽく都会的な雰囲気 深みのある色が似合います	80
夏の人	女らしくてエレガントな印象 ソフト&クールな色が似合います	84
冬の人	存在感があって個性的なタイプ 鮮やかで強い色が似合います	88

Lesson 6
色選びでイメージアップ
92

パーソナルカラーを使ってコーディネート自在　92
TPO別演出編　　　　　　　　　　　93
華やかなイベントでの講師役を成功させたい　93
フェミニンに優しい雰囲気に見せたい　　94
仕事ができると思われたい　　　　　　94
親しみをもたれたい　　　　　　　　　95
イメージアップ編　　　　　　　　　96
血色よく見せたい　　　　　　　　　　96
色白に見せたい　　　　　　　　　　　96
ツヤとハリのある顔に　　　　　　　　97
ツヤを抑えたい　　　　　　　　　　　97
若々しく見せたい　　　　　　　　　　98
あでやかに変身　　　　　　　　　　　98
小顔に見せたい　　　　　　　　　　　99
大人っぽく見せたい　　　　　　　　　99
トラブル編　　　　　　　　　　　100
シミ・クマ・くすみを隠したい　　　100
元気に見せたい　　　　　　　　　　101
シワを隠したい　　　　　　　　　　101

Lesson 7
暮らしを彩るカラーテクニック
102

フォーシーズンのイメージ分類を日常生活に生かしましょう　102
インテリアに取り入れてみましょう　　103
パーソナルカラーを暮らしのパートナーに　107
あなたのパーソナルカラーが見つかる!
テストカラー集　　　　　　　　　　111
● テストカラー集の使い方　　　　　111
● リップカラーシートの使い方　　　111
● テストカラー集の使い方　　　　　112

特別とじこみ　｜　リップカラーシート

色選びの法則を知れば いろんな私を演出

フォーシーズン別コーディネート例

Before

After

カラフルなコーディネートでキュートな印象に！

■明るくて暖かく、澄んだ感じの色のグループをパーソナルカラーのフォーシーズン分類では「春」とネーミングしています。このような色が似合う人のことを「春の人」と言います。

　Beforeは明るい色の組み合わせですが、クールな系統のため少し寂しい感じがします。鮮やかな色を選び、カラフルにコーディネートすることで、生き生きとキュートに見えます。

（写真は春のコーディネートイメージです）

※パーソナルカラーのフォーシーズン分類では、春と秋を「黄み寄りの色のグループ」、夏と冬を「青み寄りの色のグループ」に分けています。

できる!

シックな配色で都会的なイメージに!

After

Before

■深みがあって落ち着いた感じがある、ウォーム系の色のグループをフォーシーズン分類では「秋」とネーミングしています。このような色が似合う人のことを「秋の人」と言います。

　Beforeは色みが単調なので、平凡な印象です。落ち着きのある配色でもメリハリをつけることで、都会的で洗練された雰囲気になります。

（写真は秋のコーディネートイメージです）

■ソフトで優しく、涼しげな色のグループをフォーシーズン分類では「夏」とネーミングしています。このような色が似合う人のことを「夏の人」と言います。

Beforeはストールが暖色系なので、全体的に寒色系のコーディネートにしては重く感じますが、涼しげな色を組み合わせることでエレガントな雰囲気になります。

（写真は夏のコーディネートイメージです）

After

Before

ソフト＆クールな色でエレガントな雰囲気に！

コントラストのある配色で個性を演出！

Before

After

■シャープでコントラストのはっきりした、クール系の色のグループをフォーシーズン分類では「冬」とネーミングしています。このような色が似合う人のことを「冬の人」と言います。
　Beforeはトップとボトムの配色が少々強すぎです。これほどメリハリをつけなくても、十分に存在感のあるコーディネートに仕上がります。
（写真は冬のコーディネートイメージです）

好きな色と似合う色の関係

「好きな色」と「似合う色」は必ずしも一緒ではありません

　自分の「好きな色」と「似合う色」について、考えたことはありますか？　例えば、「黒が好きだから」と、いつも全身をビシッと黒で決めている人がいます。本人は「黒は大人っぽくて、おしゃれで、身につけている自分もそう見えるに違いない」と思っているのですが、周囲の人は「顔色が悪く見えるし、怖い感じもする。何であんなに黒ばっかり着るのだろうか」と思っている…。こんなケースは少なくありません。

　つまり、「好きな色」と「似合う色」は違う場合があるということを、まず頭に入れておいてほしいのです。

色が持っているイメージ効果であなたの印象が左右される

　色は私たちに共通の感情を伝える力があります。例えば、ほとんどの人にとって赤は温かい感じがするし、青は冷たい感じがします。色の与えるイメージを上手に用いれば素晴らしい効果が生まれますが、使い方を間違えるととんでもない印象を与えることになりかねません。

　複数の色を組み合わせることを配色というのですが、この配色の視点から見ると、あなた自身も色としてとらえることができます。あなたの色とは生まれつきの肌の色や、目の色や髪の色などのことです。あなた自身の色と身につける色の配色で、印象はプラスにもマイナスにも変わってくるのだということを、しっかりと認識してください。

自分を客観視して他人の目を意識する

　色の「似合う」「似合わない」を決めるのは誰でしょう？　それにはあなただけではなく、他人の評価も関わってきます。好き嫌いが主観的なのに対し、似合うかどうかは客観的な要素が大きいからです。あなたが自分の「似合う色」を知りたいなら、「自分のことは自分がいちばん知っている」という思いを抑える必要があります。

　「鏡や写真を見ればわかる」とあなたは思うかもしれません。でも、鏡や写真を通して見ている自分は虚像であって、実物とは違います。何百枚の鏡に囲まれたとしても、質感を伴った自分を見ることは決してないのです。

　何事においても周囲の意見というのは大抵一致しているもので、知らないのは本人だけということになりがちです。似合う色についても同じです。周囲の人に好印象を与えたいと思うなら、第三者の目を意識することはなおさら重要になってきます。

あなたを癒してくれる「好きな色」とあなたを生かしてくれる「似合う色」

　では「好きな色」とは何でしょう。それはあなたの内なるものが求めている色です。一生変わらず好きな色もあれば、一時的に好きになる色もあるでしょう。色は心理と深く関わっており、好きな色も、その時々の気持ちを反映しています。好きな色はあなたを癒し、励ましてくれる大切な色です。

　一方、「似合う色」は、あなたの魅力を引き出してくれる色です。人それぞれのよい印象を引き出し、輝かせてくれるこの色をパーソナルカラーと呼んでいます。

　次のページから、実際に、あなたの好きな色と似合う色を一緒に見てみましょう。

Check あなたはどんな色が好き？

「好きな色」を確認して自分自身を客観的に見つめましょう

ここでは自分の好きな色の傾向を確認してみましょう。好きな色はあなたを表現します。多くの場合、その色から感じられるイメージはあなたの好きなイメージやなりたい自分のイメージにつながります。いつも淡いピンクや水色のようなパステル調で装う人は、きっとロマンチストでソフトな雰囲気が好きなのでしょう。そして自分でも優しくエレガントに見られたいと望んでいるのかもしれません。茶色やベージュを基調にする人は、色がかもし出す落ち着きや知性を自分に重ねているのかもしれません。

次に、好きな色の変遷を振り返ってみてください。今好きな色、昔好きだった色、そして、それはなぜだったのか。似合う色を見つけるための準備として、自分を客観的に見つめ直すのです。色を見る目が偏らないように自分の嗜好や習慣を知るのも大切なことです。

★ 好きな色確認テスト

A～Dの中で好きな色がたくさんあるグループをひとつ選んでください

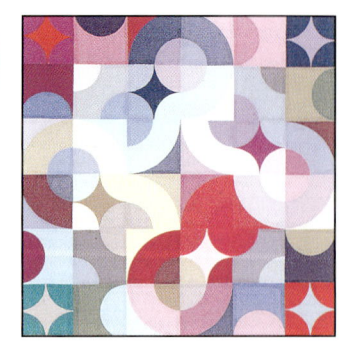

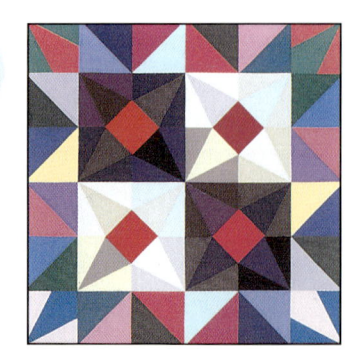

A

Aのグループに
好きな色の
多かった
あなたは…

明るい・キュート・カラフルなイメージの色

　Aの色を見ると、明るい・キュート・カラフル・透明感などのイメージが浮かびます。こんな色が好きなあなたは、表情豊かで話題も豊富、好奇心も旺盛で周囲の人気者でしょう。バランス感覚も抜群です。
　Aのグループの色が好きなのに、似合う色と違っていても心配はありません。このタイプの人は比較的柔軟に似合う色を理解して、取り入れることができます。

B

Bのグループに
好きな色の
多かった
あなたは…

シック・都会的・知的なイメージの色

　このグループを全体的に見ると、シック・都会的・知的・大人っぽい、といったイメージを湧かせる色が多いようです。こんな色が好きなあなたはマイペースで個性を大切にする人です。自分の価値観をとても大切にしますが人に押しつけたりはしません。
　Bの色が好きなのに似合う色と違ってしまった人は、少しずつ納得しながら取り入れていきましょう。

C

Cのグループに
好きな色の
多かった
あなたは…

ソフト・エレガント・繊細なイメージの色

　このグループの色はソフト・エレガント・繊細といったイメージに重なる色が多いようです。こんな色が好きなあなたは上品で知的です。周囲への配慮も行き届いていて、常識的な情勢判断は抜群です。
　Cの色が好きなのに、似合う色と違ってしまった人は、新しい意見を取り入れるのに時間がかかるタイプなので、何事もゆっくり構えていきましょう。

D

Dのグループに
好きな色の
多かった
あなたは…

個性的・シャープ・クールなイメージの色

　この色のグループはコントラストが強く、シャープ・クールというイメージに重なります。こんな色が好きなあなたは、堂々とした存在感を持っています。意外に人情家が多く、お人好しです。
　Dの色が好きなのに似合う色と違ってしまった人は、最初は気に入らなくても、一度気に入ればとことんその色に合わせてしようようです。

Check あなたにはどんな色が似合う？

あなたを魅力的に見せる「似合う色」を見つけましょう

　ここではチャートを使い、あなたに似合う色を探していきましょう。似合う色はあなたを生き生きと美しく、魅力的に見せてくれます。なぜなら、人もまた色を持った物体だからです。物体の色には調和と不調和の尺度があり、調和する色どうしはお互いを美しく引き立て合います。

　色彩学では調和、不調和に100％の正解はないとされていますが、"人の色"と"色"の調和に関しては、80％くらいの人から、ある色があなたに似合うと言われれば、調和していると考えてよいのです。
　あなたも似合う色を探しましょう。思っているよりも、きっとたくさんあるはずです。このチャートだけで探すのは無理かもしれませんが、似合う色の片鱗がここから見えてくるはずです。

★ 似合う色発見チャート

普段選んでいる色や、まわりの人から好評の色を思い出しながら、質問に答えていきましょう

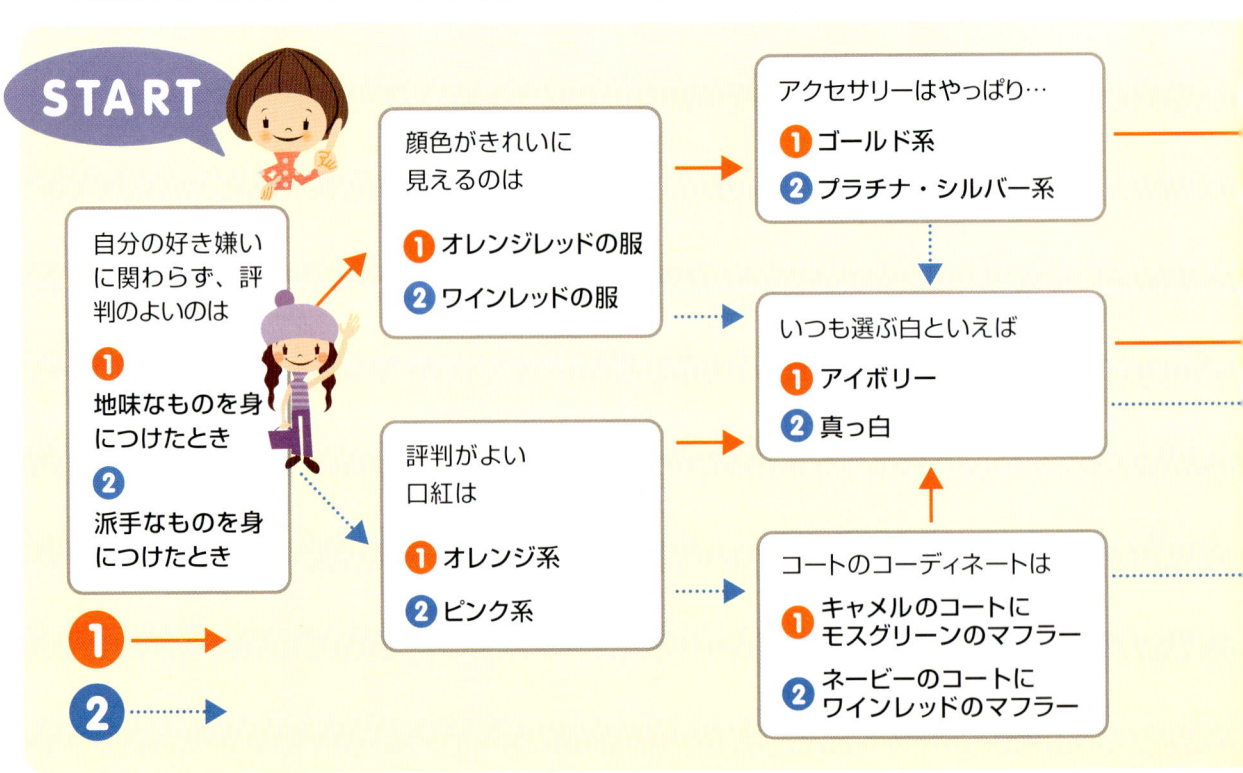

START

自分の好き嫌いに関わらず、評判のよいのは
1 地味なものを身につけたとき
2 派手なものを身につけたとき

顔色がきれいに見えるのは
1 オレンジレッドの服
2 ワインレッドの服

評判がよい口紅は
1 オレンジ系
2 ピンク系

アクセサリーはやっぱり…
1 ゴールド系
2 プラチナ・シルバー系

いつも選ぶ白といえば
1 アイボリー
2 真っ白

コートのコーディネートは
1 キャメルのコートにモスグリーンのマフラー
2 ネービーのコートにワインレッドのマフラー

黄色を選ぶなら
1. カスタードクリーム色
2. マスタード色

明るいパステルカラーの服を着ると
1. けっこう若々しく見える
2. なんだか安っぽく見える

深みのある色の服を着ると…
1. かっこよく大人っぽい仕上がり
2. ちょっと老けて見える

ピッタリくるアクセサリーは
1. 小ぶりで繊細な品のある物
2. 大きくて重厚感のあるゴージャスな物

派手めのメイクアップをすると
1. けばけばしくなってしまう
2. 華やかでいい感じ

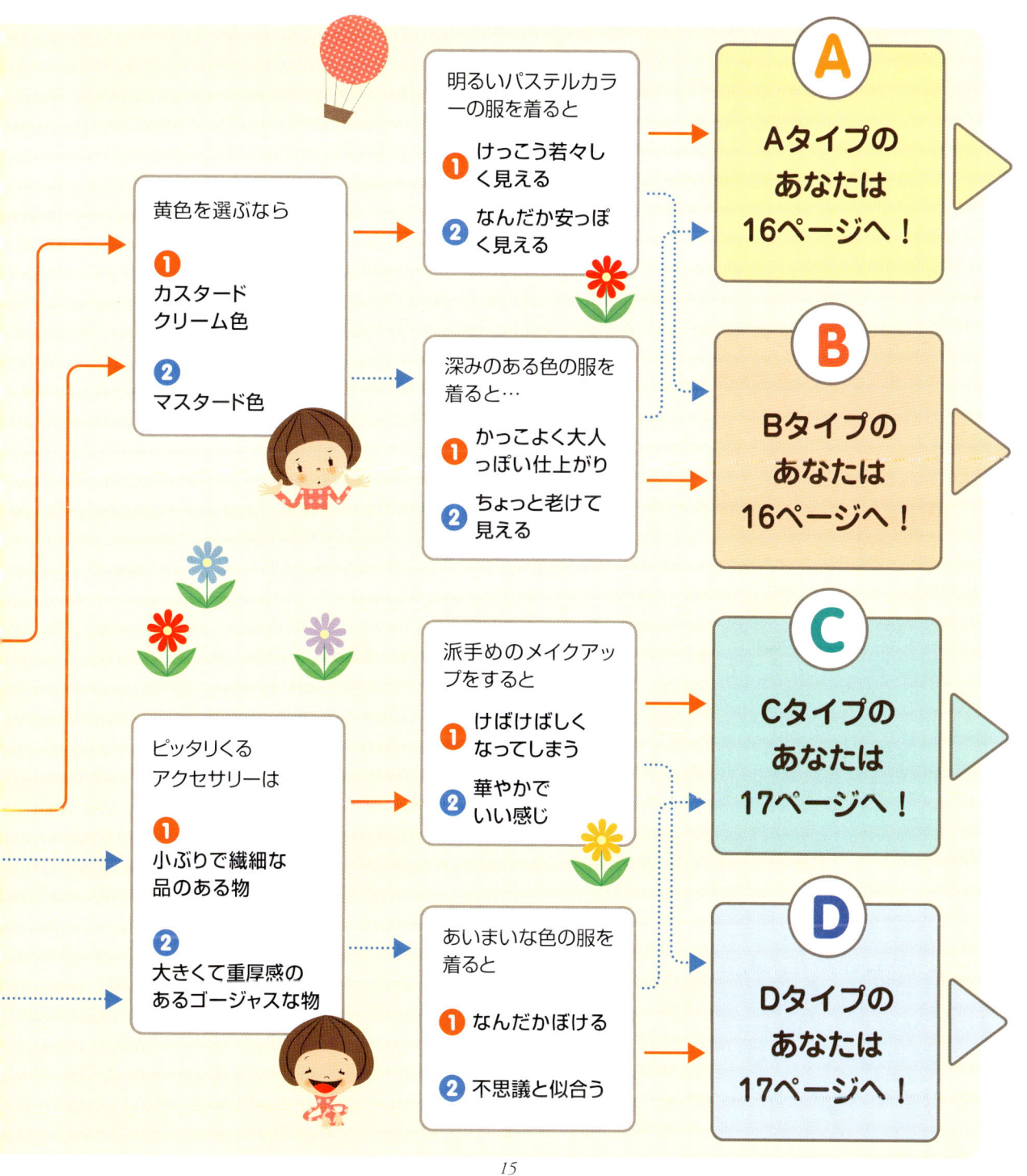

あいまいな色の服を着ると
1. なんだかぼける
2. 不思議と似合う

A Aタイプのあなたは 16ページへ！

B Bタイプのあなたは 16ページへ！

C Cタイプのあなたは 17ページへ！

D Dタイプのあなたは 17ページへ！

こんな色が似合います

Aタイプのあなたは？

透明感のある、明るめの色が似合います

どちらかというと、派手な色を着ていると周りからの評判がよかったり、明るい黄色でも淡い色よりは鮮やかなほうが似合うタイプです。明るくて若々しく、透明感のある色があなたのイメージに合っています。紺でも茶色でも明るめがポイントです。

Aタイプのあなたに似合う色

Bタイプのあなたは？

シックで、深みのある色が似合います

都会的でシックな、どちらかというと暗めで深みのある色が似合います。濁りのある渋い色を着ると、むしろゴージャスで華やかな感じになるタイプです。銀杏の葉のような黄色、モスグリーンを着ても顔色がくすんだり、老けたりしません。

Bタイプのあなたに似合う色

C タイプのあなたは？

ソフト&スモーキーな色が似合います

明るくてソフトな色が似合うとほめられるタイプのあなたは、パステルカラーのほかに、スモーキーな色もよく似合います。ナス紺やローズ系のような、人によっては青えやすい色でも、顔色は悪くならず、かに着こなすことができます。

Cタイプのあなたに似合う色

D タイプのあなたは？

コントラストの効いた、はっきりした色が似合います

シャープでモダン、コントラストの効いたはっきりした色が似合うタイプです。黒、白、赤といった強い色をすっきりと個性的に着こなすことができます。思いきりカラフルなコーディネートも、モノトーンも両方とも似合います。

Dタイプのあなたに似合う色

パーソナルカラーは
あなたの魅力を引き出す似合う色

パーソナルカラーはあなたを
サポートする力強いパートナー

　診断はいかがでしたか。「好きな色」と「似合う色」、どちらかを選ぶ必要も、同一化する必要もありません。どちらもあなたを助けてくれる大切な色です。

　本書では「似合う色」を基礎にパーソナルカラーを学んでいきます。「似合う色」は自信を引き出してくれるので、内面から生き生きした気持ちが湧いてくるでしょう。また、色の理論を取り入れ、客観的に、自分にもっとも「似合う色」を探し当てるという視点にたつことで、よりよい人間関係を作り上げることにも役立ちます。さらに、肌にツヤを出したり、シミを薄く見せたり…。必要に応じてあなたを助けてくれるパーソナルカラーは、あなたのよいパートナーになるでしょう。

似合う色を見つけるために
色彩理論を学びましょう

　ところで、色には、同じピンクでも青みに寄ったピンクや、サーモンピンクなどの黄色が入ったものなど、さまざまな色があります。「ピンクが似合う」といっても、あなたに似合うピンクが、ある人にとっては顔色を青ざめさせるピンクになることもあるのです。ですからパーソナルカラーは慎重に見つけなくては逆効果になってしまいます。そのためには基礎の色彩理論を知ることや、色の特性を見分ける目の訓練が必要です。

　似合う色を分析し、診断するプロフェッショナルをパーソナルカラリストと言います。あなたもパーソナルカラリストへの一歩を踏み出してみませんか？

Part 1
基礎編

- **Lesson 1** パーソナルカラーってなぁに？
- **Lesson 2** 色ってなぁに？
- **Lesson 3** 色の分類法を学びましょう

Lesson ① パーソナルカラーってなぁに？

人には誰でも自分だけに「似合う色」があり、その色をパーソナルカラーと呼んでいます。ここではパーソナルカラーとはどんなものかを紹介していきます。

パーソナルカラーってどんなもの？

ひとりひとりの魅力を引き出す似合う色

　人は、大昔から色に深い興味を持っていたようです。色に関する学問が発生したのは古代ギリシャの時代にまでさかのぼります。やがて20世紀に入るとアメリカを中心に色彩学を実社会の中で活用しようとする考え方が発達し、日常生活の中でも色彩心理を取り入れたインテリアの色の決め方や効果的な配色の方法などが広まりました。そして、20世紀半ばになると、個人を対象にカラーコンサルティングをするというプロフェッショナルが登場しました。これがパーソナルカラーの始まりです。

　パーソナルカラーは、ある有名なエピソードとともに一気に有名になります。それはアメリカの若き大統領ケネディが、ニクソンと選挙で争ったときのこと。ベテランのニクソンが敗退した大きな原因には、テレビという新しい媒体が関係したと言われています。ケネディ陣営は人々に与える印象を重要視し、パーソナルカラーを活用したのです。彼の若々しく力強いイメージはテレビ画面を通じて広くアピールされ、人々を魅了しました。その後、ケネディが選挙戦にパーソナルカラリストを登用したというニュースが伝わり、大統領夫妻のトレンドは常に注目の的になったのです。

　これをきっかけにパーソナルカラリストの存在は注目され、'81年、キャロル・ジャクソンの著書『カラー ミー ビューティフル』が発売されると世界的なベストセラーになりました。'80年代半ばには日本にも上陸し、ファッションの新分野として取り上げられるようになりました。

パーソナルカラーの診断法

テストカラーを当てて、あなたに似合う色の共通グループを分析

　パーソナルカラーはどのように診断するのでしょう？通常は色の布を使います。これをテストカラーと呼んでいます。実はこのテストカラーに、診断に必要なたくさんの要素が含まれているのです。

　赤や青やピンクといった色み、明るさ、鮮やかさなど、色の違いは微妙でも肌の色と組み合わせて並べると、見え方が変わります。色の特性を熟知したパーソナルカラリストは、こうしたたくさんの色の中から似合う色の共通の特徴を分析していきます。

　パーソナルカラーが診断できたら、次に似合う色のグループを紹介していきます。口紅はパーソナルカラーの確認をしやすいアイテムで、顔色の変化がよくわかります。選んだ色の口紅をつけながらテストカラーを当ててみると、パーソナルカラーがいかに自分を引き立てるかに気づくことでしょう。本書には紙製のテストカラーとリップカラーシートが付いていますので活用してください。

Column

こんなシーンで使えるパーソナルカラー

　パーソナルカラーを知っていれば、ここぞというとき、思いのままに自分を演出できるのです。その例をいくつかご紹介しましょう。

リクルート活動や面接試験に…

　リクルート活動や面接試験のときこそパーソナルカラーの威力が発揮されます。試験官という他人の目にいかにあなたが好印象に映るかが勝負だからです。

　パーソナルカラーの紺のスーツを基調に、パーソナルカラーのナチュラルメークで一見さりげなく、かつ慎重にコーディネートしてください。堅苦しいリクルートスーツの集団の中で、ひときわ洗練された印象を与えるはずです。同じ基調色だからこそ、ちょっとした違いが大きな効果を生み出すのです。

ウェディングドレスを選ぶときに…

　ウェディングドレスは女性のあこがれです。一生の思い出に残るドレスこそパーソナルカラーで選びましょう。雪のような純白か、ミルクのようなソフトな白か、淡いクリームを帯びたアイボリーホワイトか、それとも生成りのシルキーホワイトか…。同じ白でも、花嫁を引き立て、特に美しく包んでくれるお似合いの白があるのです。もちろん花婿も彼のパーソナルカラーでコーディネートできます。お祝いに集まった方々もすてきなカップルに、賞賛を惜しまないことでしょう。

パーソナルカラーの大きな特徴

パーソナルカラーは1色ではない

調和する複数の色がパーソナルカラー

「似合う」というのは色彩が調和している状態を指します。「似合う色」のとらえ方は、一般的には「赤が似合う」というように色みを限定しがちですが、パーソナルカラーでは共通の特徴を持った複数の色を意味しています。つまり赤でも青でも、明るいとか鮮やかといった共通の特徴があれば、すべて「似合う色」になります。この「似合う色」のグループを見つけ、提案していくのがパーソナルカラー診断です。

パーソナルカラーは千差万別

人によって「似合う色」は異なります

例えば、色の白い人が2人いて、同じ色が似合うかというとそうでもなく、似た色の組み合わせが似合う人もいれば、対照的な組み合わせが似合う人もいます。肌の色が似ていても同じ色が似合うとも限りません。

化粧品コーナーで、測色器を使って肌の色をチェックしていることがあります。肌の色がピンク系だからといって、口紅やファンデーションもピンク系が似合うかというとそうとも言えません。人の肌はそれほど微妙な色の調和感を求めているのです。そこに顔立ちや雰囲気といった要素が加われば千差万別、まさにパーソナルです。

また、見極められるのは最終的には人間の目しかありません。人間には、似合う、似合わないといった共通認識を第一印象で見て取る審美眼があるのです。

明るい色が似合う人は、明るい色の服を着ると生き生きと見えます

逆に、くすんだ色は似合わないので元気がないように見えます

化粧品もパーソナルカラーによって似合う色は人それぞれ

進化するパーソナルカラー診断

人種の特性により、きめ細かに対応

　パーソナルカラー発祥の地とされるアメリカは人種のるつぼと言われ、白色人種、黒色人種、黄色人種など、多様な人種で構成されています。そこで示す肌や目の色の違いの意味を、ほぼ単一の人種で構成されている日本人に当てはめる場合、そのままというわけにはいきません。

　パーソナルカラーが日本に紹介された時点では、アメリカのノウハウをそのまま導入していましたが、20年余りを経過した今日では、日本の風土、文化、人種の特性により、きめ細かく対応するように変化しています。日本人の肌の色や目の色も個人個人微妙に異なるため、似合う色、似合わない色もはっきりとした個人差が表れます。パーソナルカラーを通じて色のバランスの妙味を味わってください。

人種によって肌の色も異なり、それぞれに似合う色があります

パーソナルカラーで変わる肌の色

組み合わせる色で印象も変わります

　ここに黄色があります。他にもう1色と組み合わせてみましょう。隣に黒がくると、黄色の色みはとても強く感じられます。逆に白がくると、黄色は軽やかになり全体的に明るく見えます。このように同じ色でも組み合わせる色で雰囲気ががらりと変わります。配色によって色の調和感は変化するのです。

　これをパーソナルカラーに置き換えると、2色のうちの1色が肌の色になります。そばにあしらう色の相性がよければ違和感がなく、見る人に心地よい調和を感じさせます。肌の色は個人個人で微妙に異なり、そのわずかな違いが相性のよしあしに関わってきます。ちょっと変えるだけで平凡な配色が急にすてきに見えてきたり…。そんな配色の妙味も、パーソナルカラーを知っていれば自在に操れるのです。

同じ黄色でも、黒と組み合わせるときつく感じ、白と組み合わせると軽やかに見えます

オレンジと組み合わせると親しみやすく感じ、ピンクと組み合わせると楽しげな印象になります

Part1 Lesson1 ● パーソナルカラーってなぁに？

Column

知っておきたい色彩調和論

　色彩学の分野で、色彩調和はカラーハーモニーとも呼ばれ、歴代の研究テーマとして、とても人気がありました。ここではパーソナルカラーに関連がある、有名な色彩調和論を紹介しましょう。

ルードのナチュラル・ハーモニーの理論
自然の中で見られる配色を取り入れる

　ルードはアメリカの自然科学者で、著書『モダンクロマティックス（現代色彩学）』でナチュラル・ハーモニーという色彩調和を提唱しています。ルードは次のような例をあげて説明しました。
　「木や草の葉は日光の当たったところでは明るく黄み寄りの緑に見え、陰の部分は青み寄りの緑に見える。赤い花の陽を浴びている部分は黄み寄りの赤に見え、日陰の部分は青み寄りの赤に見える。このように配色をする場合、明るい色を黄み寄りに、暗い色を青み寄りに配色すると人間にとって自然でなじみ深いハーモニーになる」
　これを色相の自然連鎖といい、この配色方法をナチュラル・ハーモニーと言います。

●パーソナルカラーとの関連

　パーソナルカラーの分類法では、色を大きくイエローベースとブルーベースに分類します。この意味は、ルードのナチュラル・ハーモニーの考え方に似ています。イエローベースのグループは、いわば日に当たった面の色で、ブルーベースのグループは日陰の色です。イエローベースの色を顔の近くに当てると、顔色は色みが強くなります。ブルーベースの色を当てると顔色の色みを抑えて白く見えます。

ビレンの暖色系・寒色系分類
それぞれの色に暖色系と寒色系があると提唱

　ビレンはアメリカを代表するカラリストです。色彩理論を社会生活に実際に取り入れた開拓者として、大きな足跡を残しています。
　ビレンは色を暖色系と寒色系に分類する方法を提案しました。ただし、従来の「赤は暖色系、青は寒色系」という分類ではなく、それぞれの色相ごとに暖色、寒色があるとする分類法です。例えば、赤にも暖色系の赤、寒色系の赤があり、青にも暖色系の青、寒色系の青があるということです。
　ビレンはその中で、究極の暖色は朱色、寒色は緑みの青と述べていますが、実際にリサーチしたところ、日本人の場合、最も寒色の青はやや紫に寄った青だと感じる人が多いようです。

●パーソナルカラーとの関連

　パーソナルカラーの分類は、ビレンの暖色系と寒色系の分類法にほぼ当てはまります。パーソナルカラーは、基本的にはイエローベースのグループは暖色系、ブルーベースのグループは寒色系の色で構成されています。ちなみに、ブルーベースのグループにはオレンジ色がありません。オレンジ色はどうしても青みに寄せられないのです。ほかの赤や黄色、緑、青、紫は何とかなるのですが、オレンジだけは無理な色です。

ロバート・ドアの黄と青の考え方
色をイエローベースとブルーベースに分ける

　ロバート・ドアは色彩学の立場からすると異色の存在であり、学者ではありません。アメリカの美術学校の生徒だったロバートはアルバイトで看板を描いていたとき、仲間内で常識のように用いられていたテクニックに啓発されました。それは「看板の色をばらつきなく仕上げるには、それぞれのペンキに黄色を混ぜるか、青を混ぜるとよい」というものでした。
　ロバートは研究を重ね、「カラー・キープログラム」という色票のツールを開発しました。「キー1・キー2」の2つのグループのどちらかから基調色を選べば、ほかの色も同じグループから選べるというものです。調和のとれたカラーコーディネートが簡単にできるこのシステムは大ヒットしました。

●パーソナルカラーとの関連

　ロバートの「カラー・キープログラム」は幅広く利用され、後には人を対象としたカラーコンサルティングを行うパーソナルカラリストを誕生させることになります。
　その後、パーソナルカラーは現代人必須のコミュニケーションツールとして根強い支持を受けながら今日に至っています。

ヨハネス・イッテンの色彩論
「春・夏・秋・冬」の分類法の原点

　ヨハネス・イッテンはスイス生まれの美術家であり、色彩学の権威として20世紀後半に活躍しました。イッテンは著書で、「自然界の四季の中にすべての色彩の源があり、調和があり、その意味するものを深く観察しなければならない」と説いています。また、「個人が選択する色には主観的な特性があり、その特性は内面を導き出すものであると同時に、似合う色である。特に女性は自分に似合う色を知るべきで、その色は自己の『主観色』である」｜人は個人的な嗜好の奥に共通性のある客観的な色彩感覚を持っており、それは訓練と学習によって習得できるものである」と述べています。

●パーソナルカラーとの関連

　パーソナルカラー分類として知られている「四季の分類法」の原点はここにありそうです。
　また、イッテンは好きな色と似合う色は訓練と学習によって一致できると言い、それを「主観色」と呼んでいます。この考えはパーソナルカラーが目指すものに近く、パーソナルカラリストの究極のテーマは主観色としてのパーソナルカラーを提案していくことです。

パーソナルカラーの分類法

ベースカラーとトーンの分類で似合う色の特徴を見つけます

　パーソナルカラーを見つけるためにはいろいろな方法がありますが、基本的にはベースカラーとトーンの診断結果を組み合わせて似合う色を見つけます。似合う色がイエローベースか、ブルーベースか、そして、似合う色の特徴がどのトーンにあるかを分析して総合結果を出すのです。トーンについては後で詳しく説明しますが、簡単に言うと色を明るさや鮮やかさの度合いで同じようなイメージのグループに分けることと言えます。ここでは代表的な分類法を紹介します。

パーソナルカラーではこのようなテストカラーを用いて診断していきます

四季の名前の付いた分類

こんなグループに分けられます
- 春
- 夏
- 秋
- 冬

　数あるパーソナルカラーの分類法の中でも、よく知られているのがこの分類法で、パーソナルカラーを「春」「夏」「秋」「冬」のイメージになぞらえ、似合う色のグループを4つに分けています。
　春の色は、春の野山に咲く花々のようにカラフルで軽やかな色がいっぱいです。夏の色は、紫陽花や月見草のように涼しげでソフトな色の集まり。秋の色は、秋の野山の紅葉を思わせる深くて複雑な色がたくさんそろっています。そして冬の色は、クリスマスカラーのような鮮やかではっきりした色です。
　「あなたに似合うシーズンが必ずあります」という方法は、初めて耳にする人にもわかりやすく、明瞭にパーソナルカラーのイメージを受け止めることができます。

イメージワードによる分類

こんなグループに分けられます
- ブリリアント
- ソフト
- ミュート
- コントラスト

　イメージワードによるパーソナルカラーの分類方法の内容は、四季の分類とほとんど同じです。「ブリリアント」「ソフト」「ミュート」「コントラスト」という4つのイメージに、色のグループを分類していきます。
　ブリリアントは、春に相当するキラキラしたカラフルでキュートな感じの色の集まりです。ソフトは夏に相当し、その名のとおり、優しくてエレガントな色でまとめられています。ミュートは秋のイメージに重なり、どことなく複雑で深く濃い色の集まりです。コントラストは冬に当たり、明るい・暗い・鮮やかといった、テンションの高いメリハリのついた色のグループです。四季の分類の変形と考えてよいでしょう。このほかにも、さまざまなイメージワードの分類があります。

8つの分類

こんなグループに分けられます

イエローベース
春 < ●鮮やかで澄んだ色
　　 ●明るくてソフトな色

秋 < ●色みの強い濃い色
　　 ●濁りのあるソフトな色

ブルーベース
夏 < ●明るくて澄んだ色
　　 ●濁りのあるソフトな色

冬 < ●鮮やかでシャープな色
　　 ●明暗のコントラストが強い色

　四季の分類法をさらに細かく分けた方法です。例えば、春はイエローベースで、「鮮やかで澄んだ色」と「明るくてソフトな色」のふたつの調子を持ったグループという独立したグループに分けられます。ほかの夏、秋、冬も同様です。

　より細やかなイメージでコンサルティングできる半面、結果的に複数のグループを提案することが多くなるために、初めて耳にする人にとってはわかりにくく、明解な診断結果を求めにくい面もあるようです。

ベースとトーンでの分類

こんなグループに分けられます

● ビビッド　● ライト　● ペール　● 準無彩色
● ブライト　● ソフト　● ライトグレイッシュ
● ストロング　● ダル　● グレイッシュ　● 無彩色
● ディープ　● ダーク　● ダークグレイッシュ

　イエローベースとブルーベースのそれぞれに対し、調和感のよいトーンを提案する分類法です。トーンは上記の通りです。精密なパーソナルカラー診断ができますが、煩雑になりやすいため、わかりやすい提案方法など開発段階の分類法です。なお、それぞれのトーンについては、51〜54ページで詳しく解説していきます。

アクセサリーもベースカラーで分類できます。写真のパールはイエローベース

ブルーベースのパールにもこんなに種類があります

☕ Column

診断するパーソナルカラリストによって結果が違うこともあります

継続的な診断を受けてみましょう

　パーソナルカラーの診断を受けるたびに結果が違うという話は、残念ながらよく聞きます。もしあなたがきちんと自分のパーソナルカラーを知り、活用したいと思っているのであれば、診断を受ける側もそれなりに時間をかけてパーソナルカラーをつかんでいく必要があります。

　例えば、四季の分類による春は、明るくて黄み寄りの色が多く、夏は明るくて青み寄りの色のグループです。もし明るい色全般が似合う人ならば、春と診断されたり、夏と診断されたりすることもあるでしょう。

　もちろんカラリストの質の問題もありますが、ある程度継続的にコンサルティングを受けて判断するとよいでしょう。良心的なパーソナルカラリストであれば、クライアントのフォローは喜んでするはずです。

パーソナルカラーでの色の見方

ひとつひとつの色の要素を分析します

　似合う色を見つけるには色彩の基礎知識があると、よりわかりやすくなります。パーソナルカラーといっても特別な理論があるわけではありません。むしろ理論を身近なことに活用できるので、楽しみながら学ぶことができます。

　ここでは色相・明度・彩度という色の三属性やトーンといった、色ひとつひとつの持つ特徴を学びます。色の特性を理論的に整理できるようになりましょう。パーソナルカラーを診断するためには、なるべく自分の嗜好や感情を入れず、機械のような目で色を見るように心がけることも大切です。その上に「なぜ？」「どうして？」と、問いかける豊かな感性があれば、さらに深く色の世界に興味を広げていくことができるでしょう。

似合う色を見分けるときのポイント
テストカラーを顔のそばに当てたときの見え方
- 顔色が血色よく見えます。顔全体がぱっと明るい感じになります。似合わないと黄ばんだ感じや、くすんだ感じになります。
- 顔色がきれいに白くなります。似合わないとグレイッシュな白さで、顔色が悪いという印象になります。
- 顔の輪郭がすっきりとします。似合わないと鼻の脇やあごのそばに影ができたり、目の下の色素がはっきり見えてしまいます。
- 目の印象が強くなり瞳がキラキラしたような感じがします。似合わないと全体にまなざしは弱く、印象的にはなりません。
- 顔色もテストカラーも一体化した華やかさになります。似合わないとテストカラーだけが目立ちます。
- 肌にハリが出て若々しくなります。似合わないと老けて見えます。

色を見る POINT 1　色　相

テストカラーと肌色の色相を比較

　色彩学では、赤、青、黄、のような色みのことを色相（しきそう）と言います。パーソナルカラーでは代表的な色相のテストカラーを顔色と対比させて診断していきますが、顔色に親しみやすい色ということで、これにピンクを加えることが多いようです。なお、肌の色相はオークル系、ピンク系というような分け方がされています。

　四季の分類法で診断をするときは、春・夏・秋・冬の特徴を表しているテストカラーを用意し、色相ごとに顔に当てて顔色の変化を見比べていきます。

テストカラーの色相が異なると顔色も変化して見えます。パーソナルカラーでは、それぞれの色相をイエローベースとブルーベースに分けています

色を見る POINT 2　明 度

明度は顔色の見え方に大きく影響

　色彩学では、明暗の度合いを明度と言います。パーソナルカラーの診断では、テストカラーの明度をきちんとチェックすることが大切です。明度が高い（明るい）色を顔のそばに当てると、顔が明るく見えます。明るい色が合わない場合は顔色が抜けてしまうような印象を与えます。明度が低い（暗い）色は顔色をくっきりと見せ、その分色みが強くなります。暗い色が似合う人は輪郭がシャープになり、立体感が出ます。

明度だけの要素で顔色の変化を見ていくと、白は顔全体を明るくし、黒はコントラストが強くなるため顔色を際立たせます

色を見る POINT 3　彩 度

鮮やかな色ほど、派手な印象に

　色彩学では色の鮮やかさの度合いを彩度と言い、各色相の中でいちばん彩度が高い色を純色と言います。一般的に派手な色は彩度が高く、地味な色や淡い色は彩度が低くなります。派手な色でも負けずに着こなしてしまう人は高彩度の色が合う人です。逆に、地味で老け込んでしまいそうな色を身につけると、かえって肌の色が華やかに映える人もいます。このような人には低彩度の色が似合います。

人によって高彩度の派手な色が似合うこともあり、逆に低彩度の地味な色のほうが似合うこともあります

Part 1　Lesson 1 ● パーソナルカラーってなぁに？

トーン

顔の輪郭や肌のツヤに影響します

　トーンとは色の調子のことを言います。明度や彩度の要素が重なり合って、「鮮やか」とか「濃い」といった共通のイメージで分けられたグループです。トーンは「清色調」と「中間色調」に大別され、顔の輪郭や肌のツヤに影響を与える重要な要素になります。

　清色とは純色に白か黒が混ざった色のことです。白が混ざった色は明るく澄んだ「明清色」と言い、黒が混ざった色は暗くても澄んだ「暗清色」と呼ばれます。中間色とは純色に白と黒、つまりグレーが混ざった色です。中間色は色に濁りを感じさせ、その分ソフトで複雑な風合いが生まれます。

この淡く霧がかった風景は、ライトグレイッシュトーンやペールトーンのような雰囲気を持っています

ベース

ベースカラーはイエローとブルーのふたつ

　パーソナルカラーのベースはナチュラル・ハーモニーの見え方に似ています。違うのはナチュラル・ハーモニーが黄み寄りの色と青み寄りの色の配色をナチュラル配色としたのに対し、黄み寄りの色のグループをイエローベース、青み寄りの色のグループをブルーベースと分類したところです。各グループの色の中で配色すれば調和が得られるという考え方はナチュラル・ハーモニーとは異なりますが、色みを黄に寄せると肌の彩度が高まって見え、色みを青に寄せると彩度が低く見え、結果として肌が白く感じて見えるという現象は、黄色と青という色が持つ不思議な力を感じさせます。

上のイエローベースの色は顔色の彩度が高まり、顔の色みも強く見え、下のブルーベースでは彩度が低く見えて顔色が白くなります

色の要素が肌の色に与える影響を分析して診断します

色相・明度・彩度・トーンをそれぞれ分析して「似合う色」を導き出します

パーソナルカラーを見つけるためには、まず色が個別に持っている特性を見極めていくテクニックが必要です。何枚ものテストカラーの中から似合うと感じる色を見つけても、なぜ似合うのかがわからなければパーソナルカラーの診断はできません。似合う色の色相や、明度、彩度、トーンといった色の要素を観察し、整理しながら結論を導き出していくのです。

例えば、ある人は鮮やかなオレンジのテストカラーがとても似合いました。一方、レンガ色のテストカラーは肌がくすんだ感じに見えました。この場合、ふたつのテストカラーのどこの違いが原因で、似合う、似合わないという印象になるかを考えてみましょう。色相は両方ともオレンジ系なので、そのせいではないようです。鮮やかなオレンジ色が似合うのなら、明度は高い方がいいようです。清色か中間色ならば清色のほうが似合いそう…。

このようにパーソナルカラー診断は、似合う色の要素をひとつずつ分析して絞り込んでいく作業と考えてください。下の表はそれぞれの要素が、原則として肌の色にどのように関わっているかをまとめたものです。

顔の色みを増して血色を出すには

高彩度　一般的には派手な色のことで、色が鮮やかで強いほど顔の色みも増してあでやかに見えるが、場合によっては顔がのぼせたような印象になる

イエローベース　イエローベースの色は顔の色みを増して血色をよく見せる。場合によっては顔に黄みが強く出たり、肌がくすんだ感じになることもある

低明度　色は暗くなるほど、顔の色も強く出てくる。輪郭の線もはっきりするが、場合によってはシワやひげの跡なども強く感じられる

清色　透明感のある澄んだ色は輪郭もクリアに感じ、顔色をはっきり見せる。顔にツヤを出す効果もあるが、平面的な印象になる場合もある

顔の色みを薄くして白く見せるには

低彩度　淡い色や、地味な色は顔色も強く出さない。色も白く感じるが、場合によっては顔色が悪く感じることもある

ブルーベース　ブルーベースの色は顔から色みを引いて結果的には顔色は白く感じる。すっきりとした印象になるが、場合によっては顔色が悪く見える

高明度　色は明るくなるほど顔色も明るく白く感じる。場合によっては顔色が抜けたような弱い印象になる

中間色　透明感のない濁った色は輪郭もぼかす効果があるので、顔色もソフトに滑らかに感じる。場合によっては血色が悪く、弱々しい印象になる

Lesson ② 色ってなぁに？

実はこの世の中に最初から色がついているものはありません。では、私たちが見ている色とはいったい何なのでしょう。パーソナルカラーを理解するためにも、色は何なのか一緒に探っていきましょう。

パーソナルカラーでの色の見方

色ってどんなもの？

そもそも「色」って何なのでしょうか？ どうして私たちに色は見えるのでしょうか？ 実は、色を見るにはいくつかの条件があるのです。

ここに赤いリンゴがあります。そのリンゴは暗闇で何色に見えるでしょうか？ 正解は「色は無い」です。暗いから見えないのではなく、無いのです。リンゴという物体はあっても、そこに色は存在しません。色が見えるためには明るさが必要です。第一の条件は「光」です。

次に、リンゴがなければ見えませんから、リンゴという物体が必要です。第二の条件は「物体」です。

最後にリンゴを見ている私たちの目があります。目を閉じればリンゴは見えません。第三の条件は「目」です。

光、物体、目の3つの条件がそろって、初めて色は見えてきます。そして、もちろんパーソナルカラーもこの条件を満たさないと見えません。

色を認識するしくみ

物体に当たった光のエネルギーの刺激が、視覚を通して大脳へ伝わり色を感知する

① 太陽からの放射エネルギー

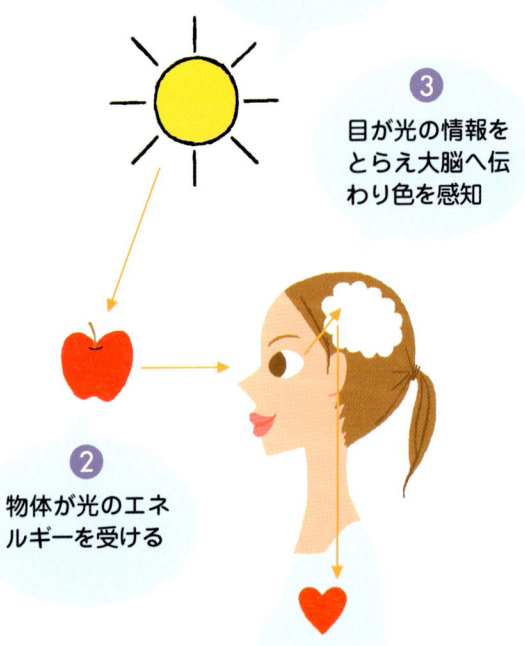

② 物体が光のエネルギーを受ける

③ 目が光の情報をとらえ大脳へ伝わり色を感知

色の要素 1　光

無色透明に見える太陽光の正体は、たくさんの色の光の集まりです

では、光とはいったい何でしょうか。

光は放射エネルギーの一種です。太陽から放射されるエネルギーは波動をともないながら毎秒30万kmという速度で闇の宇宙を駆け抜けてきます。その波長は短いものから長いものまでさまざまです。可視光はその波長の380nm～780nmの範囲にあるエネルギーのことをいい、私たちの目に届き、視細胞を刺激します。その刺激が大脳に伝えられたとき、色という感覚が生まれるのです。

光のエネルギーは物理的な刺激ですが、それを「色」という感覚に替えているのは人間の心理的作用です。つまり色は心理的な現象であり、最初から色のついている物体は何もないのです。

380nm～780nmの波長の違いは色相の違いとして感じられ、この範囲を可視光線と呼んでいます。大きく分けると400nm～500nmの短い波長は青系、500nm～600nmの中波長は緑系、600nm～700nmの長い波長が赤系として感じられます。

波長は混ざり合うと明るく、色みを感じさせない白色光になりますが、一定の条件がそろうと、波長ごとに分光された色を見ることができます。雨上がりの空の虹の7色も、白色光が分光された状態です。

色の正体を解明して近代の色彩学の礎になったのがイギリスの物理学者ニュートンです。ニュートンはプリズムを用い、無色透明の白色光が実は色とりどりの単色光の集まりであることを証明しました。分光によって見られる帯状の色光をスペクトルと言います。

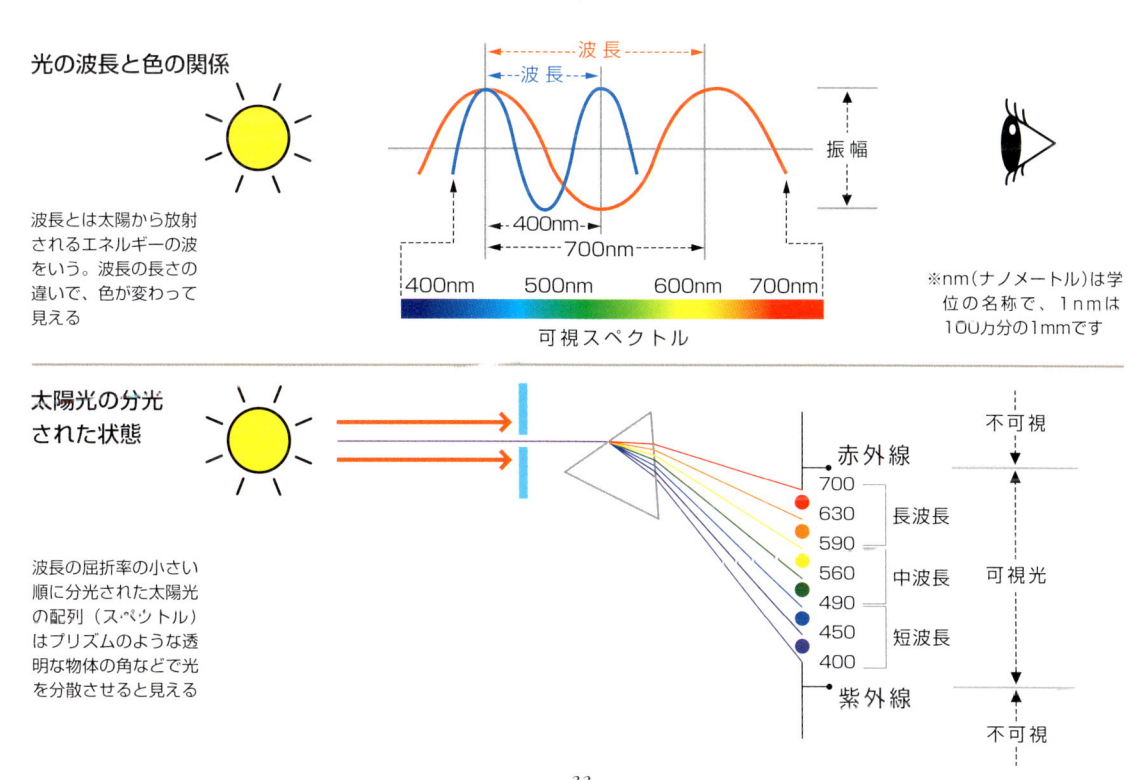

光の波長と色の関係

波長とは太陽から放射されるエネルギーの波をいう。波長の長さの違いで、色が変わって見える

※nm(ナノメートル)は単位の名称で、1nmは100万分の1mmです

太陽光の分光された状態

波長の屈折率の小さい順に分光された太陽光の配列（スペクトル）はプリズムのような透明な物体の角などで光を分散させると見える

赤外線　不可視
700　
630　長波長
590　
560　中波長
490　
450　短波長
400　
紫外線　不可視
可視光

Part 1　Lesson 2 ● 色ってなぁに？

色の要素 2　物　体

物体の性質が、色の見え方を左右します

　この世界に「初めから色のついた物体」はありません。物体に色がついていると感じさせるのは光の作用です。

　光のエネルギーは物体にぶつかると屈折し、大きく分けて次の3つの反応をします。

1、吸収される
2、反射される
3、透過される（通り抜ける）

　もう一度リンゴに登場してもらいましょう。リンゴに可視光線の範囲のエネルギーがぶつかると、青や緑を感じさせる400nm～600nmの範囲の波長はほとんど吸収されてしまい、700nmあたりの波長が多く反射されます。その反射された光は、そのまま私たちの目まで届いて視細胞を刺激し、その結果リンゴは赤く見えるのです。

　では、それがグラスに入った赤ワインだったらどうなるでしょうか？　ガラスや赤ワインのように透明感を感じさせる物体は光を透過させるという反応をします。700nmあたりの波長を透過させると、透明なガラスは赤いガラスに見えるのです。簡単にいうと私たちが見ている色は、物体に吸収された波長以外の、残った波長の色ということになります。人間も物体ですから、ぶつかった光はさまざまに反応し、固有の色でその人を彩ります。あなたの固有の肌や髪や目の色の微妙な違いも、光エネルギーの反射や吸収や透過の比率の違いによるということになるのです。

光の波長と物体の関係（簡略図）

① 赤みの光の波長を反射

リンゴが赤く見えるわけ

② 赤みの光の波長を透過

赤ワインが赤く見えるわけ

③ 吸収されたエネルギーは見えない

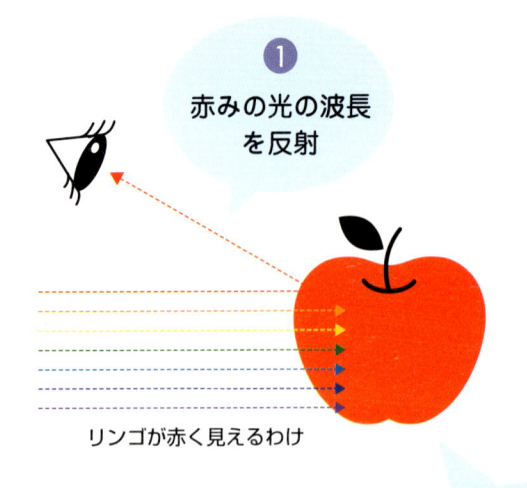

リンゴは700nmくらいの光の波長を反射し、赤ワインは700nmくらいの光の波長を透過させ、それぞれほかの光の波長を吸収したため、赤く見える

色の要素 3　視　覚

大脳は色の情報をコントロールします

目が受けた刺激は大脳に伝えられます。目の中には網膜があり、光の刺激を受け止める視細胞が2種類存在しています。ひとつは明暗を感知する細胞で、桿状体（かんじょうたい）と言います。もうひとつは色を見分ける機能を持った細胞で、錐状体（すいじょうたい）です。桿状体は錐状体に比べ、非常に数が多く、人の目は明暗に対して高感度に反応します。

赤、緑、青などの色を見分ける錐状体は、網膜の中心部のあたりに集中して存在し、とても精巧に色を見分けます。ただし錐状体は暗くなると機能が低下したり、視野の隅になると見分けにくかったりするので、色を正確に見るときは照明の明るさや見る位置などに気をつけましょう。

網膜で受けた情報は大脳に送られ、そこで初めて「色」に置き換えられます。目に映ったものには、大脳の状況判断が加えられます。つまり、私たちの目は、あるがままに見ているのではなく、大脳に脚色された状態で、見たいものしか見ていません。ここに心理作用が関わってくるので、物理的な状態が導き出す色とは異なった見え方になります。パーソナルカラーを診断する場合なども、色の趣味嗜好が加わると、脚色過剰になってしまうので気をつけなければなりません。

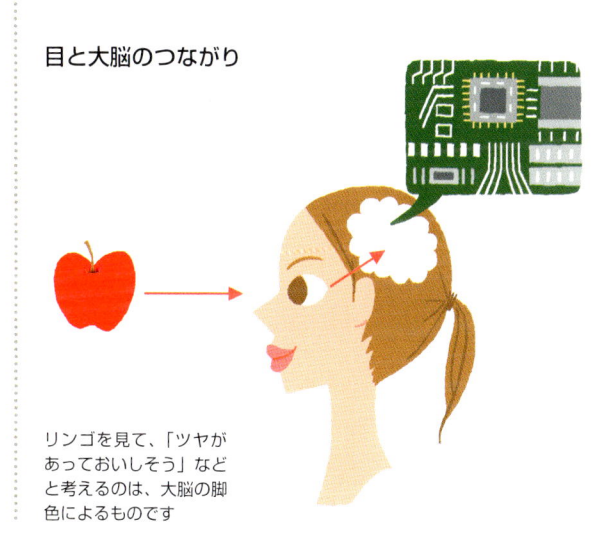

目と大脳のつながり

リンゴを見て、「ツヤがあっておいしそう」などと考えるのは、大脳の脚色によるものです

目とカメラの比較

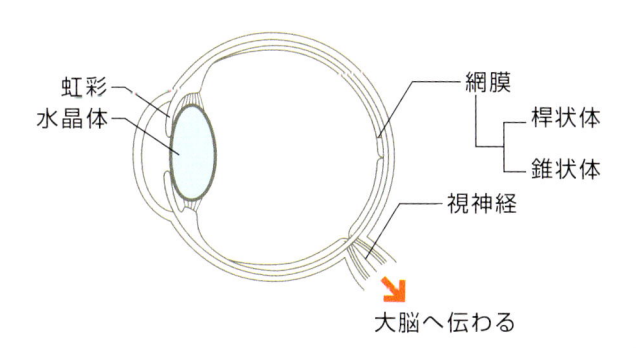

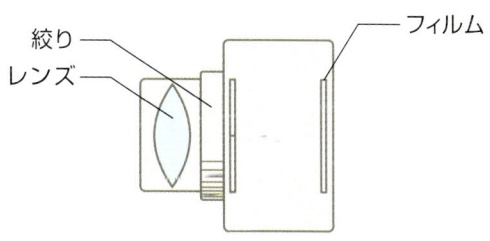

目の働きをカメラに置き換えると、カメラのレンズに当たるのが水晶体、絞りが虹彩、フィルムが網膜に当たります。そして、フィルムを現像するのが大脳です。大脳は視神経から伝えられた情報に、今までの経験で得たデータを取り込んでさまざまな判断を下します

色の不思議を体験しよう

身の周りには目の錯覚で起こっている「不思議」がいっぱいあります

　私たちの目に見えているものは、大脳に脚色され、さらにそのときの心理も影響して認識されている像であるということを学びました。いわゆる錯覚と言われている現象も、この作用が原因で起こります。

　ここでは実際に、日常的に見られるいくつかのおもしろい事例を見てみましょう。目でとらえる情報は色ばかりではなく、形や質感とも切り離せないものです。いつも当たり前に見えていたものも、目の錯覚かもしれません。もう一度「なぜ？」と考察してみてください。"不思議"を追及してみると、きっと新しい発見があるはずです。

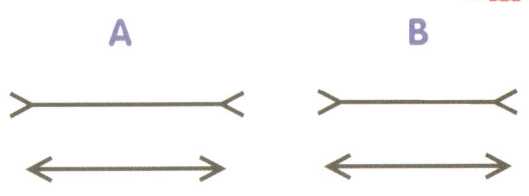

　例えば、上のAとBを見比べてください。線の長さが同じなのはどちらだと思いますか？　正解はAですが、同じ長さに見えましたか？　Bは下の線のほうが長いのですが見た目には同じくらいに見えます。方向性を暗示させるような矢印が加わるだけで、目はその線を同じ長さに見ることができなくなるのです。

TEST 1
どちらの色の見え方が自然でしょう？

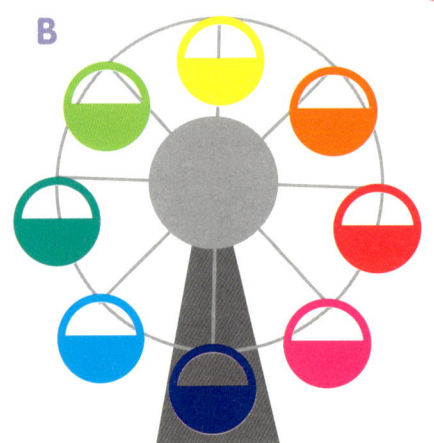

ANSWER

　正解はBです。これは色のスペクトルを環状にしたものですが、私たちにとって黄色は明るいのが基準、紫は暗くて当たり前の色なのです。Aはその明暗の基準が逆転しているので、自然ではない感じがしてしまうのです。

　なお、色彩調和ではBをナチュラル・ハーモニー、それに対してAをコンプレックス・ハーモニーと言います。

TEST 2
軽いスーツケースはどっち？

A B

ANSWER

正解はBです。色によって重さが違って見える現象について、こんな話があります。

ある工場で荷物の運搬作業をしていたとき、黒い荷物を運搬すると疲労を訴える人が多かったので、工場長はその荷物を薄緑に塗り替えさせました。次の日、従業員からは苦情も出ず、作業効率もたいへん高まったそうです。色によって重さまで違って感じられるなんて、本当に不思議ですね。

TEST 3
顔色を白く見せるのはどっち？

A
B

色白に見せたいわ！

ANSWER

正解はAです。Aは青み寄りの色、Bは黄み寄りの色ですが、青み寄りの色は顔色を白く見せる効果があります。口紅の色を選ぶときも青み寄りの色にすれば、誰でもそれなりに色白に見えます。

しかし、美しく健康的な白さになるかはつける人によって違います。グレイッシュで顔色が悪くなる場合もあるので注意が必要です（詳しくは96ページの「色白に見せたい」を参照してください）。

TEST 4
不思議！　赤を見た後で、白を見てみると…

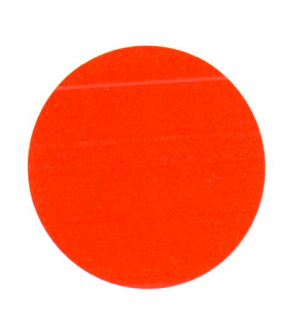

ANSWER

白の円の中に別の色が見えませんか？わからなかったら赤を30秒くらい、じっと見てから白を見てください。淡いミントグリーンが見えましたか？　これは補色残像という現象で、目がバランスをとるために作り上げる心理的な色なのです。補色どうしを混ぜるとグレーになります。グレーは目がニュートラルな状態にあることを意味します。赤以外の色でも試してみましょう。

TEST 5
目立つのはどの色？

ANSWER
　黄色？　赤？　それとも白ですか？　一般的には正解は黄色です。人の目は明暗のコントラストには特に敏感です。黄色は明度も高く、さらに彩度も高いので背景の黒に対していちばん目立つ色になります。バリケードや遮断機にも使われている配色です。

TEST 6
時間が長く感じられる部屋はどっち？

ANSWER
　正解は赤い部屋です。赤い部屋にいると神経は興奮します。緊張して疲労もしてきます。もう十分な時間が経ったと思っても、実はそれほどでもないのです。逆に青は神経を沈静させる力があるので、長時間いてもあまり長い時間だとは感じません。

TEST 7
目立たないのはどの服？

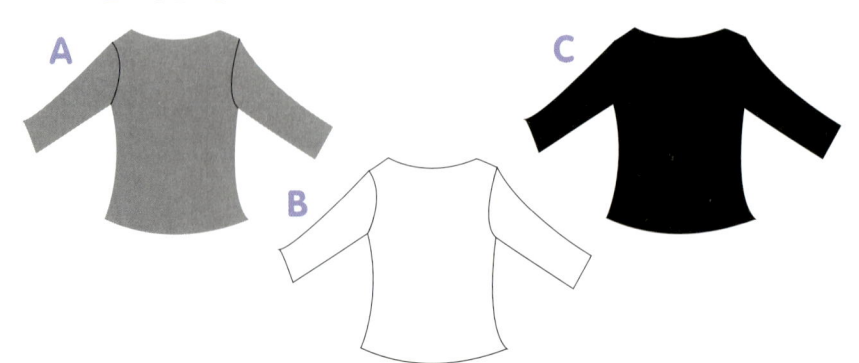

A　B　C

ANSWER
　正解はAです。なんといっても、目立ちたくなかったらグレーに限ります。グレーは目にとって一番ニュートラルで気にならない色だからです。気にならないということは、人から注目されずに済むということです。
　でも、あなたがおしゃれでセンス抜群な方なら、シックなグレーはかえって人目を引いてしまうかもしれません。

TEST 8
どれが同じ大きさのペア？

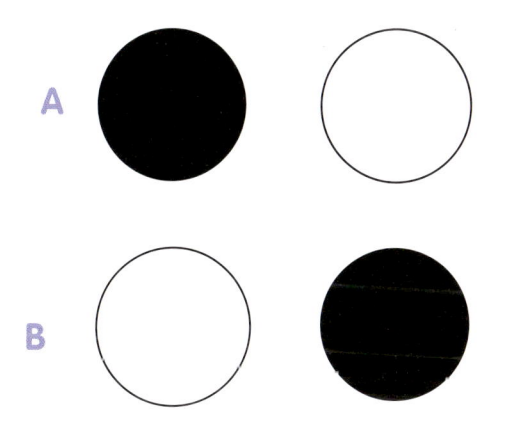

A

B

C

ANSWER 正解はAです。碁石は白と黒を同じ大きさにすると黒が小さく見えてしまうので、同じ大きさに見えるようCのように若干黒を大きく作るそうです。ちなみに色の中でもっとも膨張する色は白で、もっとも収縮する色は黒です。Bは白のほうが黒より大きい丸です。

TEST 9
この赤丸と同じものはどれ？

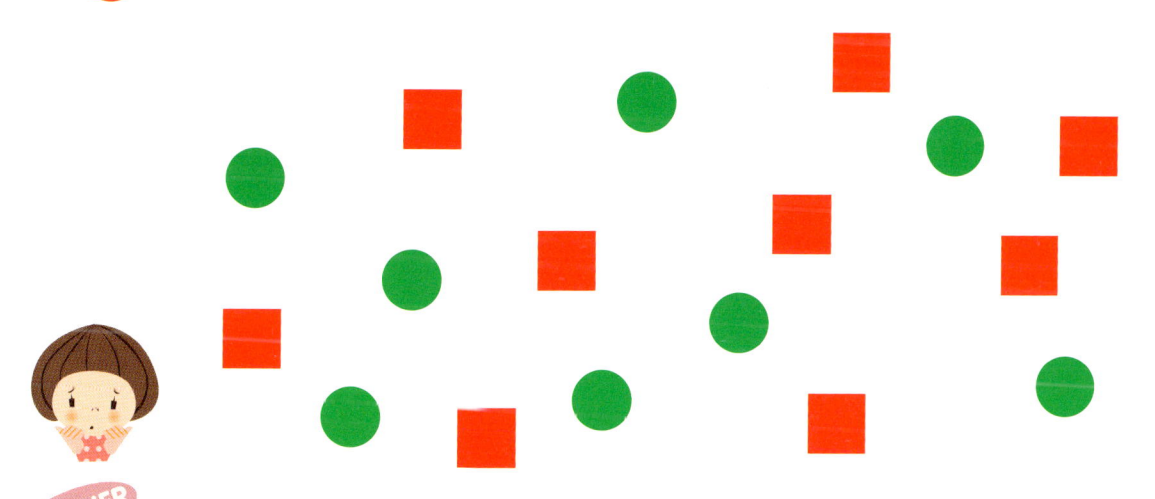

ANSWER あなたはどちらを選びたくなりましたか？ 四角い赤なら色が優先する「色人間」、丸い緑なら形が優先する「形人間」です。形人間はどちらかというと理論派で男性的、色人間は感覚派で女性的と言われます。

Lesson 3
色の分類法を学びましょう

ここまで色の成り立ちや、色の要素などについて学びました。ここからは色を分類する方法について学んでいきましょう。

色の三属性をマスターしましょう

色相・明度・彩度から色を分析して色の特性を把握

人が肉眼で見分けられる色は、約750万〜1000万色と言われています。つまり、私たちは無限に近いような微妙な色彩の違いを感受しながら生活しているわけです。

パーソナルカラーを診断する上でも、カラーパレットにある以外のたくさんの色に対応することが不可欠です。Lesson3では今までに簡単に触れてきた、三属性という色の性質について解説します。色の三属性をものさしにすると、1つ1つの色が、どのような特性を持っているのか把握することができます。

色の三属性とは、いわば色の性格のことで、色相・明度・彩度の3種類を指します。三属性は色立体と呼ばれる三次元空間で表すことができ、すべての色はこの中に位置づけられます。右のページの図が色立体のイメージです。

風船は色相、明度、彩度それぞれ異なる順番に並びます

色相環順に並べると

明度の高い順に並べると

彩度の高い順に並べると

三属性それぞれの性質を学ぶと、風船が右のように並ぶことが理解できます

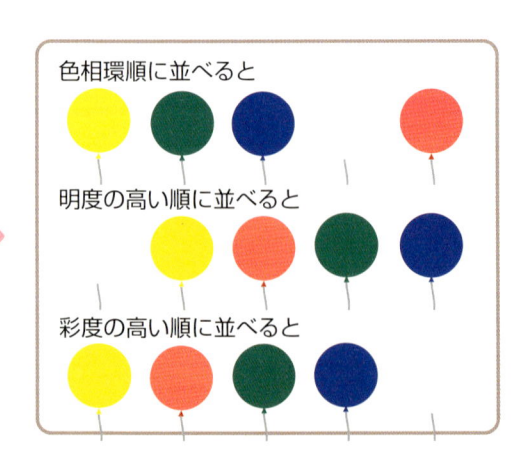

色立体

下の図は色立体のイメージを表したものです。縦に明度の軸、その円周には純色の各色相が配置されています。純色から明度軸までの距離が彩度です。色のしくみがわかってきたら、さまざまな色を立体の中に位置づけてみましょう

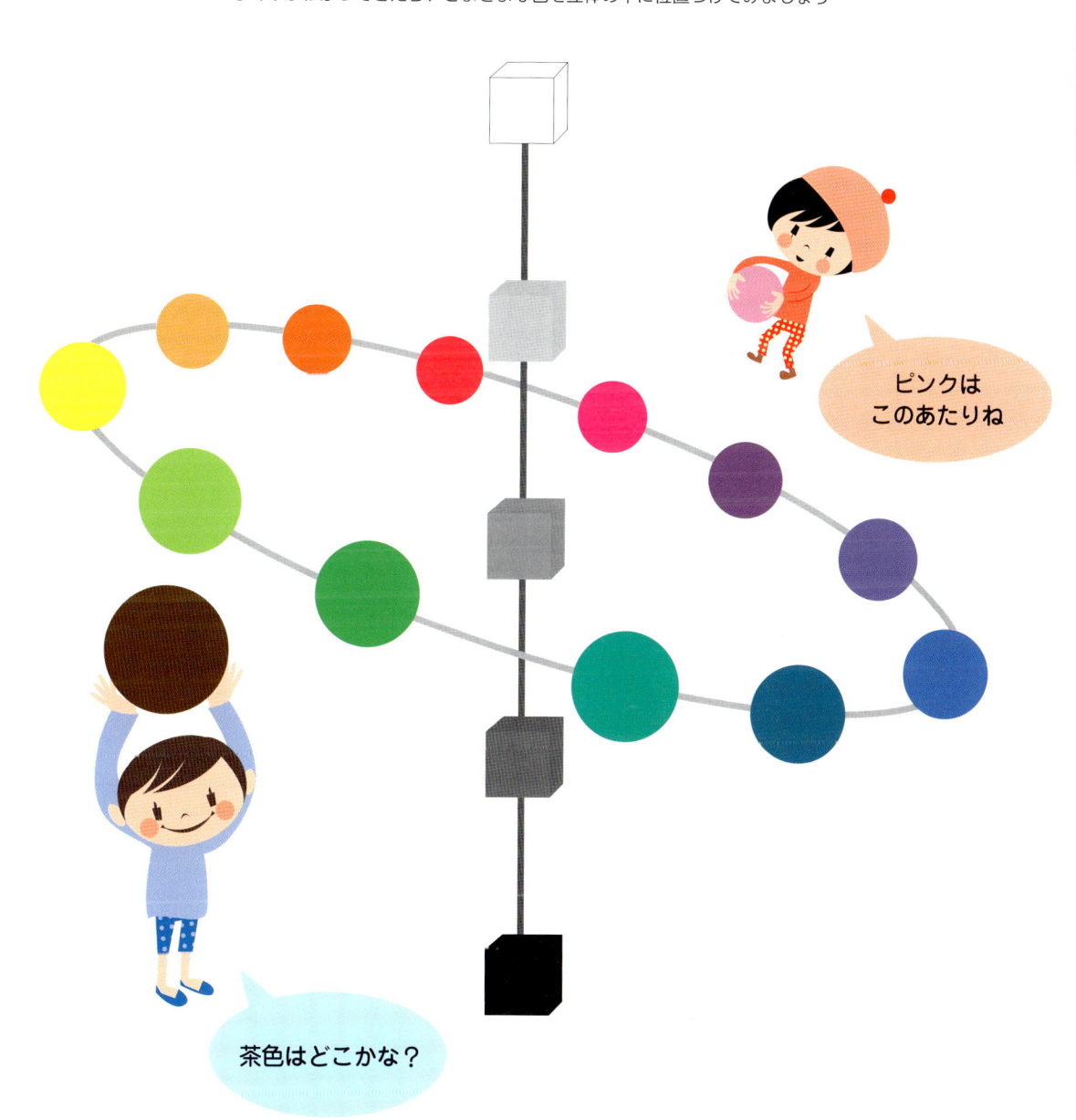

ピンクは
このあたりね

茶色はどこかな？

色の三属性 1　色相

色相とは赤や青や黄のような色みです

　色には有彩色と無彩色があります。有彩色は赤や青などの色みを持った色のことです。その色みのことを色相と言います。可視光線が波長ごとに分光された単色光の色のスペクトルが色相の原点で、これを環状に並べると右ページのような「色相環」という図ができます。私たちが日常的に見ている色は無彩色を除いて、すべてこの色相環上に位置づけられる色相を持っているのです。

　では、無彩色とは何でしょうか。無彩色は色相を持たない色で、白・グレー・黒のことです。無彩色は赤とか青といった色相がありません。色の三属性と言うものの、無彩色に関しては明度というひとつの属性だけを持った色ということになります。モノクロ写真のような色です。
　ところで、人が感知できる色は380nm～780nmの可視波長域にあると前述しましたが、その中に無い色があります。紫もしくは赤紫系です。ただし、ここで言う紫は短波長である青みの紫（青紫もしくはバイオレット）ではありません。いわゆるパープルと言われている紫のことです。紫は長波長と短波長の刺激を同時に受けて目の中で合成されて見える色であり、自然界の分光では見られない色なのです。

有彩色　　　　　　　　　　　　　無彩色

☕ Column

色相環はイエロー・マゼンタ・シアンの3色でできます

色料の三原色に白と黒があれば、すべての色ができます

　色料とは、絵の具などの塗料やカラーフィルターのようなものです。イエロー（黄色）とマゼンタ（赤紫）とシアン（緑みの青）の3色を色料の三原色と言います。
　「原色」とは混ぜて作ることができない色という意味です。それ以外の色は混ぜて作る色になります。色を混ぜて新しい色を作ることを「混色」と言い、3原色のうちの2色を混色すると、他の純色ができます。
　例えば、イエローとマゼンタを混ぜると割合の違いで赤やオレンジができます。シアンとイエローで緑系の色が、シアンとマゼンタで青や紫ができます。どれも純色です。
　茶色やピンクなどは純色に白やグレーや黒が混ざったものです。つまり、純色以外の色はすべて純色に白やグレーや黒が混ざっているのです。

色相環

色料の三原色のうち、2種類を混ぜ合わせてできた色が純色です。純色のうち、代表的な色相を環状につなげたのが色相環です。この12色の間には、無数の純色がグラデーション状に連なって存在しています

1 黄
2 黄みのオレンジ
3 赤みのオレンジ
4 赤
5 赤紫
6 紫
7 青紫
8 青
9 緑みの青
10 青緑
11 緑
12 黄緑

1、5、9番が「色料の三原色」なんだね!

※この色相環の色は印刷で再現しているため、オリジナルの色とは多少異なっている場合もあります。あくまでもイメージとしてとらえてください

色相の違いの見分け方

純色以外は白、グレー、黒を引いた色から色相を判断

色相は色相環上にある純色ばかりではありません。私たちが見ている無数の色には、純色に白かグレーか黒がどれくらいの割合で混ざっているかの違いがあります。その色が色相環上のどのあたりに位置づけられるかを見分けることはパーソナルカラーの診断をするときに限らず、カラーコーディネートするときにも不可欠です。色を整理するときは、どんな場合でも、色相は何か、色相環上に位置づけてみる習慣をつけましょう。

純色ならば色相環上に必ず位置づけることができますが、ベージュやピンクのような色の場合は、純色に黒、あるいはグレー、白を加えられてできた色なので、色相環上にそのままでは存在しません。白、グレー、黒を除いたら、どの色相になるかを考えて見分けるようにします。

CHECK TEST　もとの色相はどんな系統か分けてみましょう
赤系・青系・オレンジ系・緑系・紫系の5つに分けてみましょう

色相を分けるポイントは、24ページのビレンの色彩調和論を参考にします

正解：赤系　DFI、青系　ACGH、オレンジ系　B、緑系　E、紫系　J

黄み寄りの色と青み寄りの色の比較

パーソナルカラーでは色を黄み寄りと青み寄りに分類します。中心の5つの色相に対し、黄み寄り、青み寄りそれぞれの色を配置すると右のようになります

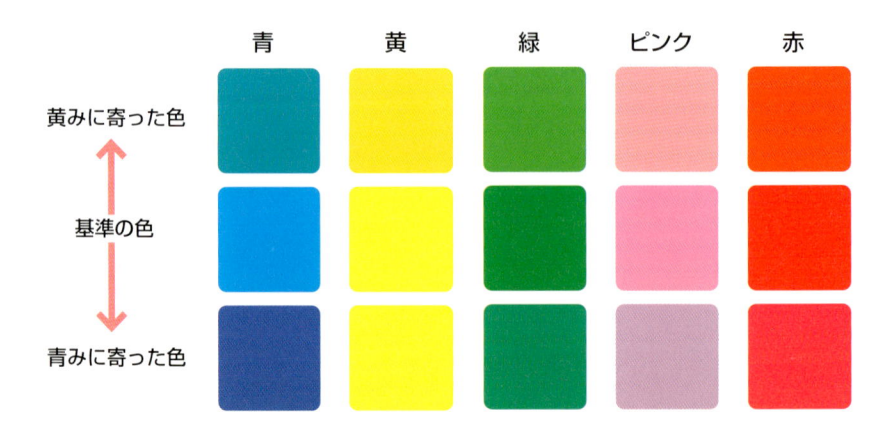

パーソナルカラーでの色相

色相を黄み寄りと青み寄りに分類

パーソナルカラーでは、基本的にすべての色を「黄み寄りの色」と「青み寄りの色」に分類しています。そして、黄み寄りの色をイエローベース、青み寄りの色をブルーベースと呼んでいます。純色以外の場合は、黒、グレー、白を差し引いてもとの純色を考え、その純色が黄み寄りか、青み寄りかを見ます。

四季の分類法で診断するときには、下の写真のようなテストカラーを用いて、イエローベースとブルーベースのどちらがより似合うかを比べていきます。どちらが似合うかは人によって異なり、個々人にとって似合う色の傾向を探す際の大きな指標になります。

例えば、ある人がイエローベースの色を顔の近くに当てると血色がよくなり顔色が明るくなる反面、ブルーベースの色を当てると血色が悪く見える場合は、イエローベースの色が似合うということになり、黄み寄りの色を選んで着れば似合うという推測が立つことになります。

その反対に別の人にとってはブルーベースの色の方が、顔色がスッキリして、イエローベースの色を着たときより似合うという場合もあり、青み寄りの色の服を選んで着れば似合うという推測が立ちます。

春 
イエローベースのグループです。明るくて澄んだ色が多いのが特徴です

秋 
イエローベースのグループです。春に比べると、全体的に暗く、濁った感じの色が多くあります

夏 
ブルーベースのグループです。明るくソフトで、パステル調の色が多くあります

冬 
ブルーベースのグループです。コントラストのはっきりした、澄んだ色が多いのが特徴です

●実際の診断では

右は同じ人にイエローベースとブルーベースのテストカラーを当てて比べた写真です。イエローベースが似合うと写真のように「血色がよい」印象になりますが、似合わないと顔色がくすんで見えます。ブルーベースは顔の色みを薄く見せるので「色が白くなる」という印象になり、似合わないとグレイッシュな白さで不健康な感じがします。

イエローベース **ブルーベース**

※この場合は、イエローベースの方が血色がよく似合っています

Part1 Lesson3 ● 色の分類法を学びましょう

色の三属性 2 明度

明るいか暗いかは無彩色のグレーの濃淡で測ります

　色の明るさの尺度を明度と言います。明るいと「明度が高い」、暗いと「明度が低い」と言います。光の反射率が高いと明るく、低いと暗くなります。
　光が物体にぶつかり、光の波長が完全に反射された状態では物体色の中でいちばん明るい色である白に見えます。逆に、物体がほぼすべてのエネルギーを吸収すれば、光の刺激は目に届かず、黒という色として認識されます。また、光の波長が平均して反射・吸収されると、光の刺激はグレーとして認識されます。このとき反射する光が多いと明るいグレーに見え、少ないと暗いグレーに見えます。これが無彩色の正体です。
　無彩色は色みがなく、明度だけの尺度で表せる色なので、明度を測るときは無彩色を基準にし、これを明度スケールと言います。

明度の違いの見分け方

モノクロ写真にすると判別が容易

　無彩色であれば明度はわりあい簡単に見分けられます。しかし、有彩色になると色相や彩度の要素も入るため、明度の判断はなかなか難しいことがあります。特に、同じ明度でも、清色は中間色より明るく見えがちです。明度を正確に判断するのが難しい場合は、「明るい」「暗い」「中くらい」の3段階に分けて判断するとよいでしょう。モノクロ写真で撮った場合どのくらいの明暗のグレーになるか想像するとわかりやすくなります。

CHECK TEST　明度別に分けてみましょう

下の明度スケールに照らして右のクローバーの色を明度別に分けてください。明るい（高明度）、中くらいの明るさ（中明度）、暗い（低明度）の3段階に分類してみましょう

高←明度→低

明度スケール

正解：高明度　EFH、中明度　BGI、低明度　ACD

パーソナルカラーでの明度

明るい色は顔色も明るく、暗い色は顔色も暗く見せます

　パーソナルカラーを診断する際、明度も色相同様に重要な判断基準です。テストカラーの暗い色を当てると顔色も暗くなり、明るい色を当てると顔色も明るく見える傾向があります。色彩の理論上では「色の対比」があり、明度に関しても明度対比という現象が起こります。例えば、白と黒の配色では白は単色で見たときより白く見え、黒もさらに黒さが強調されて見えるのです。ところが、パーソナルカラーの見え方は一概にそうとは言えません。

　下のA〜Dを見てください。黒を背景にした白い月（A）は、グレーを背景にした白い月（B）よりもさらに白く見えます。対比効果です。一方、パーソナルカラーのテストカラーを顔に当てたとき、ある人の場合、暗い色を当てると顔がくっきりとし、ツヤが増したような印象になります（C）。次に明るい色を当てると顔の色みは弱くなり、背景とともに全体が明るさを増した印象になります（D）。つまり、明度の低い色（暗い色）は、肌や髪や目の色みを強くつややかに見せ、明度の高い色（明るい色）は、顔色も一緒に明るく見せるのです。

A 真っ暗な色の空の白い月は対比現象で明るく見えます

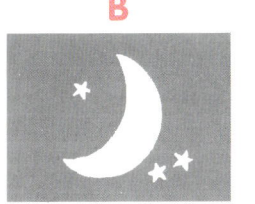

B やや明るい色の空の白い月は同化現象で暗く見えます

C 暗い色の中の顔色はつややかに見えます

D やや明るい色の中の顔色は背景とともに明るく見えます

●実際の診断では

　下の4枚の写真から、当てる色が高明度になるにつれ、顔色全体も明るく(高明度)、明るい印象になるのがわかります。似合わない人の場合は顔色が白く抜け、ぼんやりした印象になります。低明度の色は顔の色みを強く見せ、ツヤや立体感を引き出します。似合わないと顔にクマやシミの色素が浮き出て、険しい表情や暗い感じになります。診断では明度を数段階に分けて似合う段階を探します。

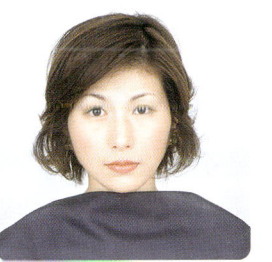

← 高　　　　明　度　　　　低 →

Part1 Lesson3 ● 色の分類法を学びましょう

色の三属性 3　彩度

彩度が高いほど色は派手に、彩度が低いほど色は地味に

　彩度とは、色の鮮やかさの度合いです。色の中でいちばん鮮やかなのは純色です。純色から無彩色に至るまでの度合いのことを彩度と言います。無彩色に近づくほど色みの割合は少なくなります。言い換えると、色みが「弱くなる」・「薄くなる」ということです。純色の割合が高いことを「彩度が高い」と言い、無彩色の割合が高いことを「彩度が低い」と言います。

　例えば、赤に白を多く入れると明るいピンクになります。無彩色の白を多く入れたため、赤の彩度は低くなります。次に、赤に無彩色の黒を多く入れると暗い小豆色になり、赤の彩度は低くなります。白と黒を入れた割合が同じなら、明るい淡いピンクと暗い小豆色は同じ彩度の色ということになります。色は、一般的に彩度が高いほど派手になります。逆に、彩度が低い代表的な色には江戸時代の庶民の色の定番「四十八茶百鼠」があります。

贅沢華美禁制の江戸時代、庶民の間では地味な低彩度の色を渋く粋に着こなすのがおしゃれだったようです。特にトレンドは人気役者が着た茶色で、今でも色名として「団十郎茶」や「璃寛茶（りかんちゃ）」などが残っています

彩度と明度の関係を確認しましょう

　純色の赤を中心に縦に明度軸、横に彩度軸を取った表です。彩度が高いほど純色に近づきます。低彩度でも、明度が高い白を混ぜると明るい色に、明度が低い黒を混ぜると暗い色になります。

色の鮮やかさの度合いを「彩度」って言うんだね！

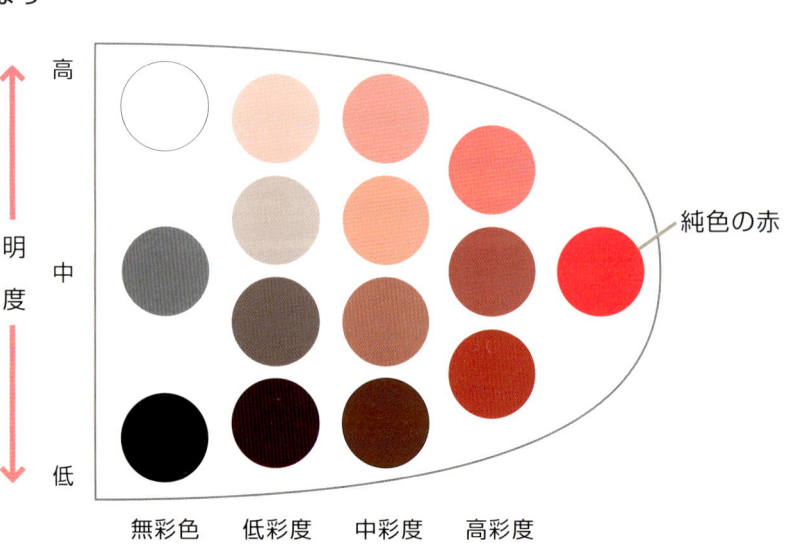

※この表はトーン表と呼ばれるものです。詳しくは51ページからの「トーン」で解説します

彩度の違いの見分け方

色相環と比較して、彩度を判別

　明るさ暗さに関係なく、無彩色の割合だけで色の特徴を判断するのは、なかなか難しいところです。

　彩度が高いということは、その色が純色に近いことを意味します。色相環は純色の集まりです（43ページ参照）から、ある色の彩度を見分けるときは、まず色相環と見比べてみましょう。その色が色相環上にある色と近い場合は高彩度ということになります。逆に、色相環上にある色とはかけ離れている場合は低彩度です。

　同じ無彩色でも、パステルピンクやパステルブルーのように白がたくさん混ざっている場合は、純色にしたとき何色かは、さほどわかりにくくはありません。一方、黒やグレーが多く混じるほど色は変化し、純色の色が何色かはわかりにくくなります。

　ちなみに、ベージュはオレンジに白や明るいグレーを混ぜた色、茶色はオレンジや赤に、黒か暗いグレーを混ぜた色です。

CHECK TEST　彩度別に分けてみましょう

43ページの色相環を見ながら、A〜Iがどの純色から派生した色か、もとになっている色相を見分け、どのくらいの割合で白やグレーや黒が混ざったらその色になるか考えてみてください。純色か、少しの無彩色が入った状態なら高彩度、純色と無彩色の割合が同じくらいなら中彩度、無彩色のほうがたくさん入っていそうだったら低彩度になります

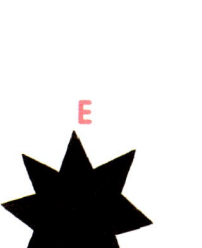

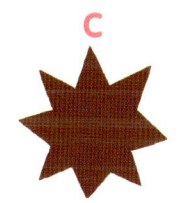

正解：高彩度　ADH、中彩度　BCG、低彩度　EFI　※Bは青と白、Cはオレンジと黒、Gは赤と明るいグレーが半々です。Eは赤と黒、Fは青紫に白、Iは赤に明るいグレーが多く入っています

Part1 Lesson3 ● 色の分類法を学びましょう

パーソナルカラーでの彩度

彩度によって顔にツヤが生まれます

　パーソナルカラーを見る場合、高彩度の色を顔の近くに当てると顔の色みは増し、ツヤも出るので顔色の印象は強くなります。不調和な場合は、顔がのぼせたような、ぎらぎらした感じになります。全般的に、顔色に与える彩度の影響は、純色や高彩度色ではわかりやすいのですが、低彩度色では難しいかもしれません。徐々に訓練して慣れていきましょう。

　明度のところで触れた対比現象は彩度でも起こります。彩度での対比現象では、ふたつの色どうしに彩度の差がある場合、高彩度の色はより鮮やかに、低彩度の色はより鈍く見えます。ところが、色が細かい模様や細い縞柄の場合には逆の現象が起こります。これを「同化」と言います。高彩度の鮮やかなオレンジ色のネットの中に入ったみかんは実際より鮮やかに見えますが、これは同化現象を上手に利用している例です。

彩やかに見えるみかんはどっち？

Aです。真ん中のみかんをグレーの皿とオレンジ色の皿に乗せて比較すると、皿の色と彩度差が小さいBのみかんより、彩度差の大きいAのみかんの方が鮮やかに見えます

高彩度のネットの中のみかんや枝豆の色みは実際より鮮やかに見え、ネットから出したもののほうが、くすんで見えます

●実際の診断では

　下の写真から、高彩度の色になるにつれ、顔色も一緒に彩度が上がり、色みも強く感じられるのがわかります。高彩度の色が似合う場合は顔色がつややかに健康的に見えますが、似合わない場合はぎらつきが出たり、テストカラーの色が目立って見えます。一方、低彩度の色は、似合うと顔を色白にして、肌を滑らかに見せますが、似合わないとぼんやりとした寂しい印象になります。

高彩度　　　　中彩度 　　　　低彩度

トーン

トーンは、共通の感情や、雰囲気を持つ色のグループ

「シャーベットみたいな色」を想像してみましょう。透明感があって明るくて涼しげな色ですが、この色は三属性の要素ではどこに位置づけられるのでしょうか。明度はほとんど高明度です。彩度は淡い色が多いので低彩度です。しかし、透明感は三属性では表せません。色には三属性でも表しきれない色の調子があるのです。このような色の調子をトーンと言います。

実は「シャーベット・トーン」という言葉を使って'60年代に伝説的なカラーキャンペーンが展開されました。化粧品メーカーやファッションメーカーが中心となって異業種が合同で打ち出したプロモーションです。これによってそれまで一般的には知られていなかった「トーン」という言葉と、色への関心が一気に広まりました。

トーンは色のイメージを伝える便利なツールです

トーンは私たちが共通に持っているイメージを伝えるにはとても便利な分類法です。例えば、高明度でも透明感のある明るさと、ミルクを混ぜたような乳濁した色の明るさは違います。このイメージを端的に表す三属性の表記はありません。ところがトーンならペールとライトグレイッシュというような分類で表すことができるのです。

ある色を見るには、その色の色相は何か、明るさはどの程度か、鮮やかさはどうかと考えます。これが色の三属性です。これに対し、その色を「重たい感じがする」とか、「生き生きして見える」など、共通の感情や雰囲気という要素を組み込みながら、同じような調子を持つグループに分けていくというのがトーンの考え方です。「ビビッドな色」という色の表現をよく耳にしますが、この「ビビッド」はまさにトーンを表す言葉です。

それではパーソナルカラーやカラーコーディネートに重要なトーンについて学んでいきましょう。

Part1 Lesson3 ● 色の分類法を学びましょう

トーンのしくみ

明度と彩度の調子でトーンを分類

トーンは「明度と彩度の複合された色の調子」と定義づけることができます。つまり、トーンは明度と彩度に密接に結びついており、三属性の分類に似たグループ分けがされています。それでは53ページのトーン表を見てください。

トーン表では縦軸が明度、横軸が彩度を表します。各トーンのグループの色は、環状の色相で構成されており、それぞれ名前がついています。

トーンは、純色、清色、中間色(濁色)の3つの「色調域」に分類されます。純色のトーンはいちばん彩度の高い色で、白もグレーも黒も混ざっていない鮮やかで冴えた色です。清色のトーンは純色に白か黒を混ぜた色調で透明感があります。中間色(濁色)のトーンは純色にグレーを混ぜた色で、不透明感や濁り感があります。

また、清色のトーンはさらに、明清色と暗清色のふたつに分けられます。明清色のトーンは純色に白を混ぜた色調で、明るくて透明感があります。暗清色のトーンは純色に黒を混ぜた色調で暗く澄んだ硬質な感じがします。それぞれの色調域にあるトーンは以下の通りです。

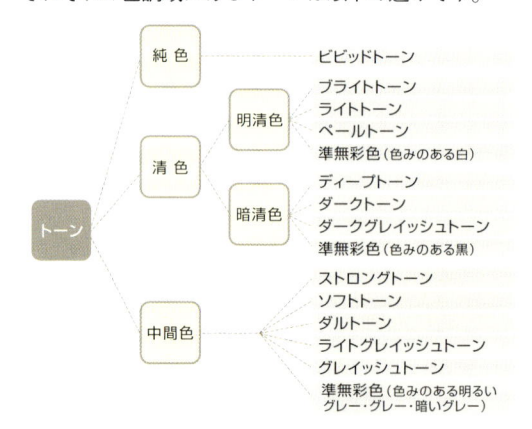

```
トーン ─┬─ 純色 ──────────── ビビッドトーン
        │                    ┌ ブライトトーン
        │         ┌ 明清色 ──┤ ライトトーン
        │         │          │ ペールトーン
        ├─ 清色 ──┤          └ 準無彩色(色みのある白)
        │         │          ┌ ディープトーン
        │         └ 暗清色 ──┤ ダークトーン
        │                    │ ダークグレイッシュトーン
        │                    └ 準無彩色(色みのある黒)
        │                      ストロングトーン
        │                      ソフトトーン
        └─ 中間色 ───────────┤ ダルトーン
                               ライトグレイッシュトーン
                               グレイッシュトーン
                               準無彩色(色みのある明るい
                               グレー・グレー・暗いグレー)
```

3種類のトーンの違いを比べてみましょう

3種類のトーンでコーディネートしたファッションを比べてみましょう。上着はそれぞれマゼンタから派生した色です

淡い
（ペールトーン）

水の中に一滴マゼンタのインクを混ぜたような淡いピンクのシャツです

鮮やか
（ビビッドトーン）

純色のマゼンタの鮮やかなブラウスです

くすんだ
（ダルトーン）

マゼンタにグレーが混ざったシックな色のセーターです

トーン表

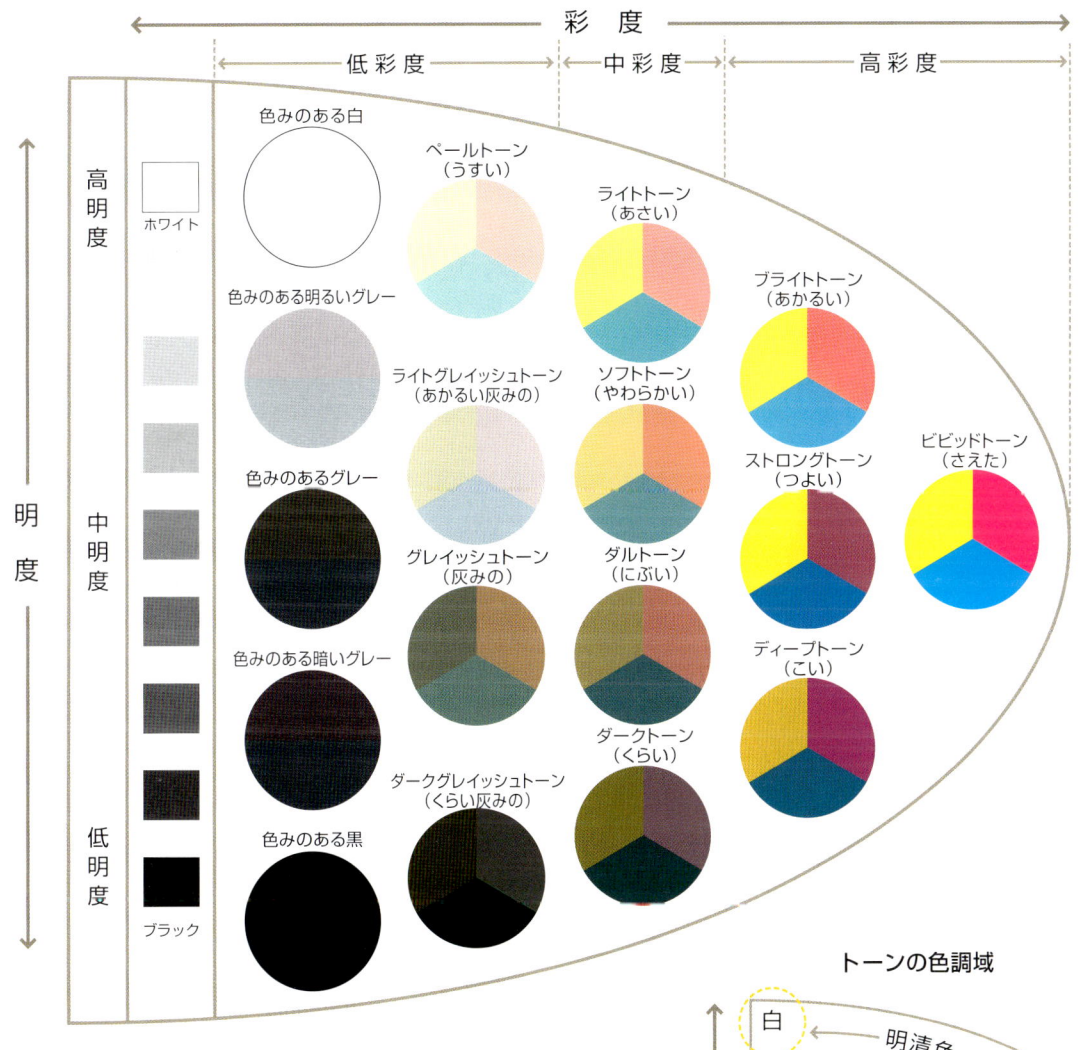

彩度 → 低彩度／中彩度／高彩度
明度 → 高明度／中明度／低明度

- ホワイト
- 色みのある白
- ペールトーン（うすい）
- ライトトーン（あさい）
- 色みのある明るいグレー
- ライトグレイッシュトーン（あかるい灰みの）
- ソフトトーン（やわらかい）
- ブライトトーン（あかるい）
- 色みのあるグレー
- グレイッシュトーン（灰みの）
- ダルトーン（にぶい）
- ストロングトーン（つよい）
- ビビッドトーン（さえた）
- 色みのある暗いグレー
- ダークグレイッシュトーン（くらい灰みの）
- ダークトーン（くらい）
- ディープトーン（こい）
- 色みのある黒
- ブラック

トーンは上の種類のほかさらに細かく分けられますが、パーソナルカラーを診断する目安としてはこのトーンを覚えておけば十分です。実際には人と色との調和は人によって微妙に異なるので、ピッタリしたトーンに当てはめられない場合もあり、柔軟に対応することになります

※このトーン表の色は印刷で再現しているため、オリジナルの色とは多少異なっている場合もあります。あくまでもイメージとしてとらえてください

トーンの色調域

トーンの色調域は、明度と彩度の調子によって、純色、清色、中間色（濁色）の3つに分けられます。その関係を表したのが右の図です。中間色はさらに明濁色と暗濁色に分けられます

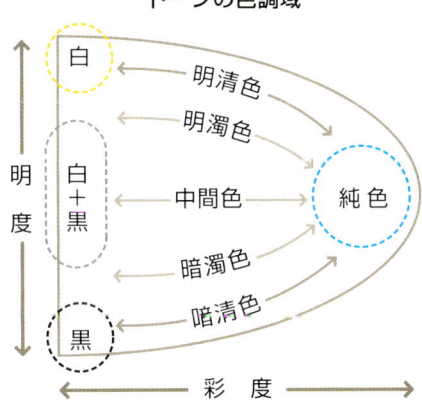

白 — 明清色 — 純色
白 — 明濁色
白＋黒 — 中間色 — 純色
黒 — 暗濁色
黒 — 暗清色 — 純色

Part1 Lesson3 ● 色の分類法を学びましょう

清色と中間色

清色が似合うか、中間色が似合うかで似合う色は大きく違います

清色の透明感には、輪郭や線をクリアで明確に見せる効果があります。中間色の濁り感には、輪郭や線をソフトにぼかして見せる効果があります。例えば右のAの丸は中間色で、トーンはソフトトーンです。Bは清色でトーンはライトトーンです。2色とも明度は高く、彩度は中彩度で、色相は同じ青から派生していて、ほかの条件はとても似ています。AとBを見比べると、Aはマットな質感で、密度も薄く柔らかい感じが、Bはツヤがあり密度も高く硬い感じがします。輪郭もAはソフトに、Bはシャープに見えます。パーソナルカラーの診断で、顔色にこの清色と中間色の特徴は強く影響します。

Aのような中間色は輪郭をソフトに見せる効果があり、Bのような清色は輪郭をシャープに見せる効果があります

CHECK TEST　清色と中間色に分けてみましょう

目安として、清色の見え方は純色とほぼ同じと考えてください。

正解：清色　CDEH、中間色　ABFG

★パーソナルカラーの診断では

顔の近くに清色の色を当てると、中間色に比べて肌の色みは強くなります。印象としてはむしろツヤが増したという感じかもしれません。顔の線も強調するので、目鼻立ちや輪郭がはっきり見えます。このように見える人は、清色が似合う人です。逆に、余計な影や線が目立ったり、平面的に見えてしまう人は、似合わないことになります。

中間色の場合は肌の色みは落ち着き、ツヤというよりマットな滑らかさが感じられます。輪郭はソフトになり、目鼻立ちは奥行きや立体感のある見え方になります。また、肌の調子が均一に整って見えます。これが似合う場合です。似合わない場合は輪郭がぼやけ、肌の色みも弱く濁った感じに見えます。

配色について

配色のテクニックを取り入れれば パーソナルカラーの効果がアップ

　パーソナルカラーは、共通する要素を持った色でグループ分けされているため、グループ内の色を組み合わせると自然に調和し、色をコーディネートしやすいのが特徴です。似合う色を、ここで紹介する配色の理論を踏まえてまとめると、ますますおしゃれなファッションが楽しめます。自分のパーソナルカラーを最大限に使いこなすために役に立つ、この配色について学びましょう。

　配色の方法は基本的に、色相やトーンが同じ色どうし、似ている色どうしで組み合わせたり、反対の色どうしで組み合わせたりしたものなど大きく分けて3種類あります。さらに細かく分け左下の表のように数種類に分けられます。右のコラムで7つの具体的な配色を紹介します。

　56ページでは、配色をさらに使いこなすための具体例を挙げています。アクセントカラーを用いてファッションをまとめる方法のほか、複数の配色の間に色を差して全体のバランスを整える配色など、ファッション、メイク全般の色選びに役立つ配色です。取り入れればセンスアップ間違いありません。

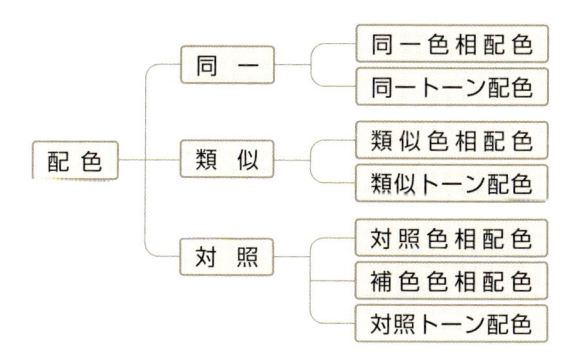

```
              ┌─ 同一色相配色
       ┌─ 同 一 ─┤
       │       └─ 同一トーン配色
       │
       │       ┌─ 類似色相配色
配 色 ─┼─ 類 似 ─┤
       │       └─ 類似トーン配色
       │
       │       ┌─ 対照色相配色
       └─ 対 照 ─┼─ 補色色相配色
               └─ 対照トーン配色
```

☕ Column

基本の配色を理解しましょう

　配色の基本パターンには、「同一」「類似」「対照」の3つがあります。さらに、それぞれに色相配色とトーン配色の方法があります。それぞれの配色を下のモデルの絵で紹介します。

同 一
同じ色相や、同じトーンの中での配色

色相配色（青系）　トーン配色（ダル）

色相配色（オレンジと黄）　トーン配色（ダークとディープ）

類 似
色相環の隣か、その隣くらいの範囲で色を選ぶ配色と、近い位置のトーンを組み合わせる配色

対 照
色相環の反対あたりの色どうしを組み合わせる配色。特に補色対照配色では、色相環の真向かいどうしの補色と呼ばれる正反対の色が、お互いを引き立て合う。トーンもトーン表の中で位置が離れたどうしの配色

対照色相配色（黄と青）　補色色相配色（赤と緑）　トーン配色（ペールとダーク）

Part1 Lesson3 ● 色の分類法を学びましょう

配色を応用しましょう

配色の基本をアレンジしてみましょう。紹介する 4 つの方法は、どれもよく知られた方法です。

全体の色を引き締めて統一感を出して
●アクセントカラーを小面積に使う

「アクセントカラー」は小面積に対照的な色を配置して全体を引き締める、効かせ色です。小面積に使う色に、対照色相や補色、明度にコントラストのある色、低彩度の色の中に高彩度の色を配置したりします。アクセサリーや小物の色選びに使ってみて。

洋服の色とのバランスを見ながら、小物にはアクセントカラーを選んで

類似配色の中に対照色相でアクセント
●類似配色の中に対照色相でアクセント

「分裂補色配色」という、類似の多色配色の中に対照色相をアクセントに入れる配色です。ファッションに取り入れやすく便利な配色です。類似どうしで単調になりがちな配色を引き締め、美的効果を高めます。

単調になりがちな類似配色の衣服や小物は、補色でアクセントをつけて引き締めて

グラデーション配色で色にリズムをもたせて
●色相、明度、彩度を段階的に並べる

「グラデーション配色」とは、色の明暗や濃淡などが段階的に変化していく配色法です。色相、明度、彩度それぞれの類似配色の応用です。色の流れがリズミカルでスムーズなので、美しく感じられます。メイクアップのテクニックなどに取り入れてみて。

アイメイクでよく用いられます。上から色相、明度、彩度のグラデーション配色です

セパレーションカラーでバランスを整えて
●無彩色を複数の色の間に差し入れる

「セパレーションカラー」とは複数の配色の間に入れてバランスをとる調整色です。主に無彩色が使われ、アクセントカラーと異なりそれ自体目立ちません。派手すぎや、ボケている配色のバランスを整える働きがあります。白は有彩色の色みを軽やかに明るく、黒は有彩色をあでやかに力強く、グレーは配色に落ち着きを与える効果があります。

派手な2色の間に無彩色が入ってバランスをとっています。衣服の配色に困ったときにも使ってみて

Part 2 実践編

- **Lesson 4** 診断の基礎を学びましょう
- **Lesson 5** フォーシーズンのコーディネート術
- **Lesson 6** 色選びでイメージアップ
- **Lesson 7** 暮らしを彩るカラーテクニック

Lesson ④
診断の基礎を学びましょう

色の見えるしくみ、色の三属性、トーンについての理論を踏まえ、フォーシーズン分類法を取り入れたパーソナルカラーの診断をしましょう。

診断を始める前に

四季の分類でタイプ分けします

　これまでに学んだ理論を踏まえて、実際にパーソナルカラーを診断してみましょう。本書では似合う色のタイプを4つのグループに分けた「フォーシーズン分類」の診断を紹介します。

　フォーシーズン分類とは26ページで触れたパーソナルカラー診断の方法「四季の名前の付いた分類」のことを指し、色の特徴を四季のイメージで表します。ほかの診断法もありますが、本書ではフォーシーズン分類を基本に解説していきます。14〜15ページの「似合う色発見チャート」の診断結果も、フォーシーズン分類の春・夏・秋・冬に当てはまります。Aは春のタイプ、Bは秋、Cは夏、Dは冬です。

分類タイプにとらわれずに分析する目も必要です

　パーソナルカラー診断は本来、テストカラーを1色ずつ当てて、似合うのは高明度か低明度か、高彩度か低彩度か、色相ではどんな色が似合うか、総合的に似合うトーンを分析して診断します。最終的にはフォーシーズン分類に当てはめながら似合う色の傾向を絞っていきますが、きっと分類しきれないケースも出てくるでしょう。フォーシーズンの枠にとらわれずに似合う色を見極められるようにすることが大切です。そうすれば、本当に個々人に似合う色の特性がわかるでしょう。

各シーズンのイメージに合うファッションアイテム例

フォーシーズンの色の特徴

フォーシーズンはイエローベースとブルーベースのふたつに分けられ、それぞれがさらに春・秋と夏・冬に分けられています。

イエローベース　日向の色

色相が黄みに寄っている色の総称です。黄色は本来、太陽光の色にもっとも近い有彩色であり、イエローベースは自然界の、日向で見える色の見え方です。春と秋の色の2種類あり、全体的に温かくカラフルな印象です。例えば、北欧の生物よりアフリカの生物が色みがカラフルで鮮やかに見えるのは、日照が強いほどものの色みも強く見えるからだとイメージするとわかります。イエローベースのテストカラーを顔の近くに当てると本来の顔色の彩度が下がって、ツヤが増して見えたり、血色がよく生き生きと健康的に感じられます。

ブルーベース　日陰・月明かりの色

色相が青み寄りの色の総称です。自然界の、日陰の色の基調色です。また、月明かりに照らされたものの色でもあります。夏と冬の色の2種類あり、全体的に冷たい澄んだ印象です。イエローベースがひとつひとつの色を強調して、全体的にカラフルなのと対照的に、ブルーベースは全体的なまとまり感の中に色の美しい調和があるのが特徴です。青い入浴剤の中では肌も透けるように白く見えることからわかるように、ブルーベースのテストカラーを顔の近くに当てると色みが相乗効果で弱くなり顔の色は白く見えます。

春　カラフルな明るい色

長い冬が終わり、新緑が芽吹き、カラフルな花々が咲き乱れる春。春の色は、色の三属性とトーンを分析すると、明度は全体的に高め、彩度は純色も含め高低どちらでも似合います。ほとんどの色が清色系で、澄んだ明るいトーンになります。紺や茶色も、ほかのグループに比べるとクリアで明るめです。桜、チューリップ、パンジーなどの花の色を想像してみるとわかります。

夏　さわやかで涼しげな色

ギラギラ照りつける暑い夏のイメージには純色や原色がふさわしいのですが、パーソナルカラーの夏は、強い日射しの中で白んで見える夏の景色のような色を指します。花では紫陽花、月見草、トルコ桔梗のような色です。色の三属性とトーンを分析すると、明度は高めの色が多く、彩度は中彩度を中心にあまり高くありません。トーンは清色、中間色の両方ともあり、ソフトな色の多いグループです。

秋　落ち着いた深みのある和風の色

夏が終わり、山々は紅葉し、豊穣な収穫をもたらす秋。秋の色は、銀杏のプロムナードや柿や栗の実の色のように落ち着いていて深みがあります。色の三属性とトーンを分析すると、明度は全体的に低め、彩度は純色ほど高くありませんが、高彩度から低彩度までかなり広範囲にあります。秋のトーンは中間色がいちばん多くあるのも特徴。また、4つのシーズンの中でもっとも黄みの強いグループです。日本の伝統色は圧倒的に秋の色が多いことも大きな特徴です。

冬　澄んでいて、シャープに冴えた色

澄んだ冷気、雪、椿、クリスマスカラーなど、コントラストの強いクリアなイメージが冬の色です。クールで鮮やかな色や無彩色も多くあります。色の三属性とトーンを分析すると、明度は高明度と低明度の両端があり、彩度も純色と低彩度色で、コントラストの強いシャープでモダンな配色がしやすいグループです。トーンはほとんど清色系で、対照の位置にあります。ペールとダークグレイッシュ、ビビッドとペールなどはこのグループならではの配色です。

Part2　Lesson4　●　診断の基礎を学びましょう

色の特徴を理解しましょう

トーン表で似合う色の傾向を把握

　各シーズンに集まっている色の傾向を整理しましょう。各シーズンごとに色の三属性、トーンの傾向を、トーン表を用いてまとめます。このページではトーン表をアレンジし、フォーシーズンに分け、各シーズンの色が、トーンのどこに多くあるかを円の大小を4段階に分けて表しています。円が大きいほど似合うトーンです。例えば春の人は、高彩度、高明度のビビッド、ブライト、ライトトーンの色がより似合うということです。全体的に見ると、トーンは各シーズン重複せずに分布されています。

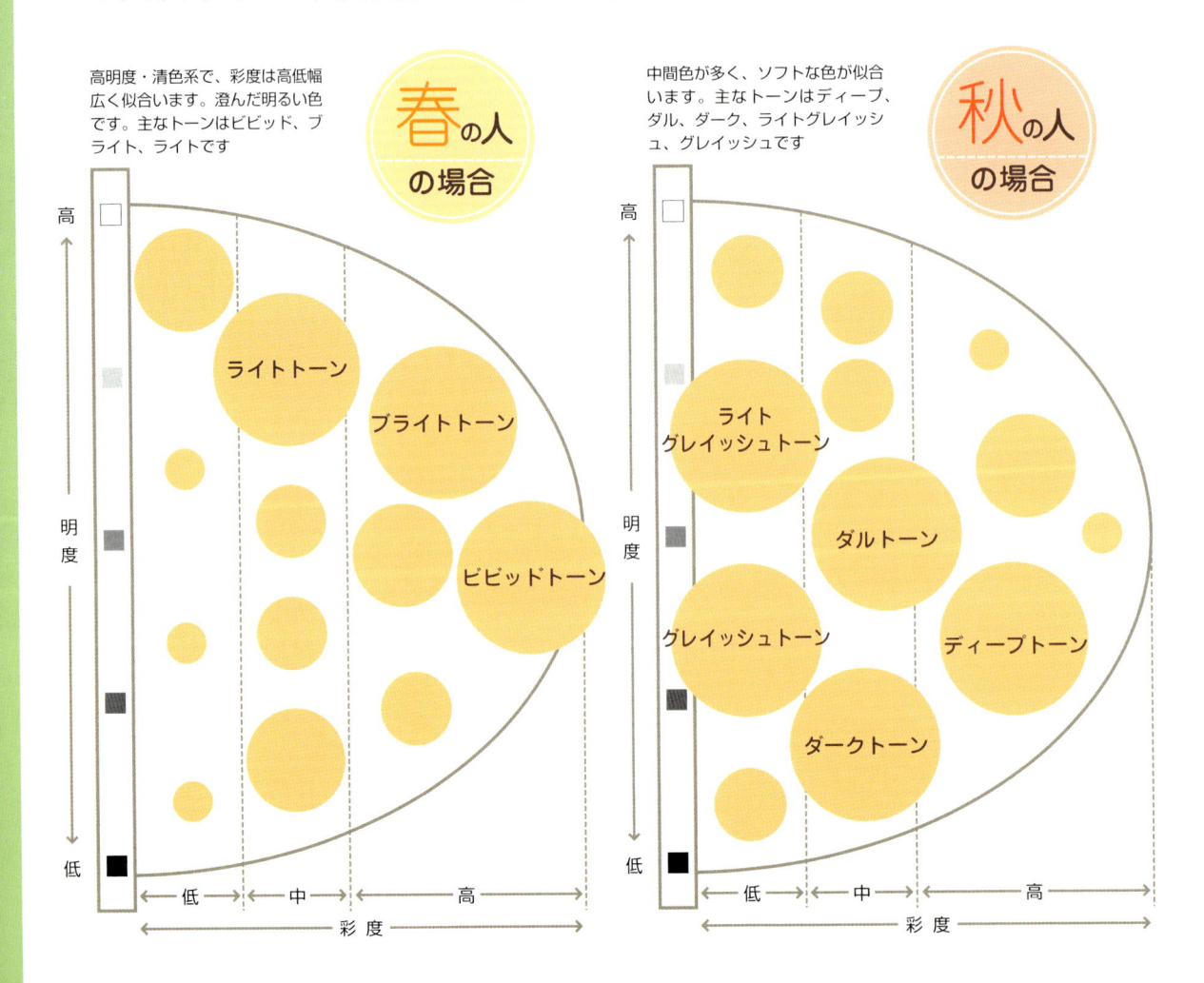

春の人の場合

高明度・清色系で、彩度は高低幅広く似合います。澄んだ明るい色です。主なトーンはビビッド、ブライト、ライトです

- ライトトーン
- ブライトトーン
- ビビッドトーン

（縦軸：明度 高／低、横軸：彩度 低／中／高）

秋の人の場合

中間色が多く、ソフトな色が似合います。主なトーンはディープ、ダル、ダーク、ライトグレイッシュ、グレイッシュです

- ライトグレイッシュトーン
- ダルトーン
- グレイッシュトーン
- ディープトーン
- ダークトーン

（縦軸：明度 高／低、横軸：彩度 低／中／高）

フォーシーズンの相違点・類似点

　フォーシーズンの相互間の共通点と相違点を整理すると、フォーシーズンの特徴がより明確にわかります。春と夏は明るい色が多く、全体的に軽やかな感じがし、ベースが異なります。春と秋はベースが同じで、明度に差があり、トーンでは中間色系か清色系かも違います。秋と冬は暗い色が多く、全体的に重い感じがするのが共通点です。冬と夏はベースが一緒で、夏はソフトで類似系、冬はシャープで対照系です。

フォーシーズンの相関図

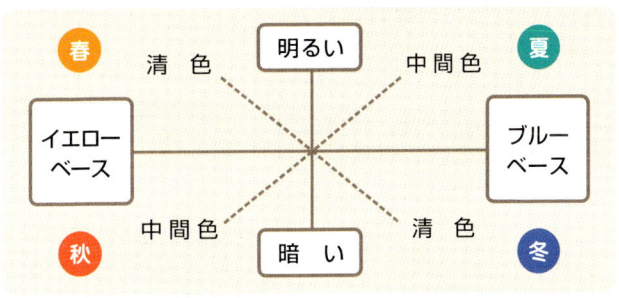

春　清色　明るい　中間色　夏
イエローベース　　　　ブルーベース
秋　中間色　暗い　清色　冬

夏の人の場合

高明度、中彩度で、清色と中間色の両方が似合い、主なトーンはライト、ライトグレイッシュ、ダークです

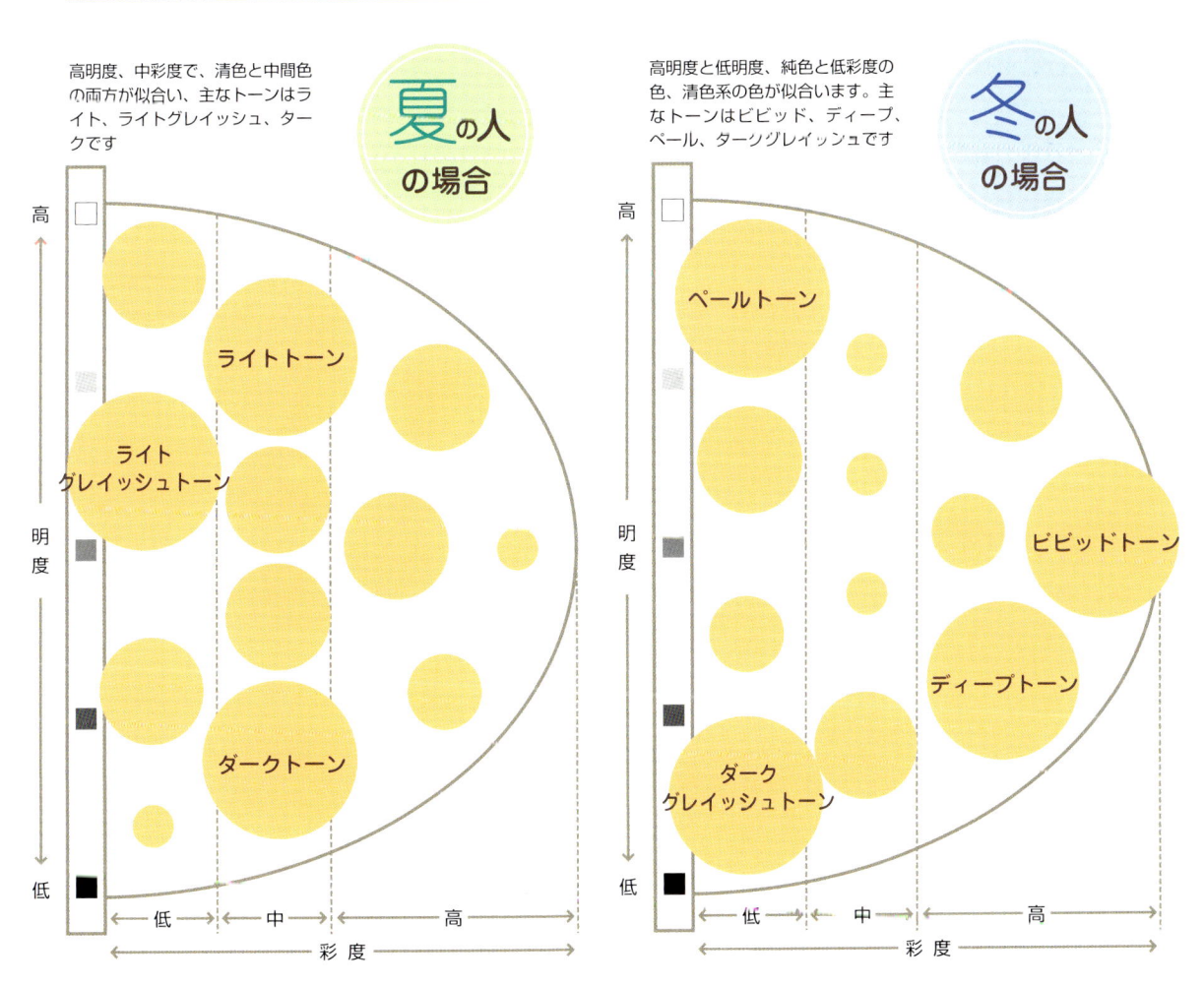

- ライトトーン
- ライトグレイッシュトーン
- ダークトーン

明度（高→低）　彩度（低→中→高）

冬の人の場合

高明度と低明度、純色と低彩度の色、清色系の色が似合います。主なトーンはビビッド、ディープ、ペール、ダークグレイッシュです

- ペールトーン
- ビビッドトーン
- ディープトーン
- ダークグレイッシュトーン

明度（高→低）　彩度（低→中→高）

円が大きいほど似合うトーンを示します

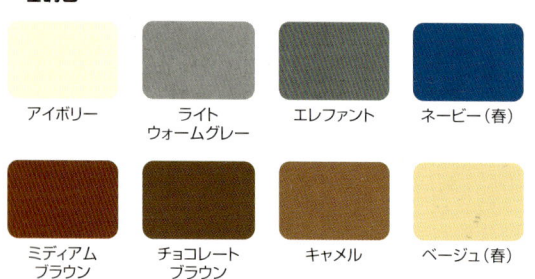

フォーシーズンのカラーパレット

春 のカラーパレット

彩度の高い鮮やかな色が豊富

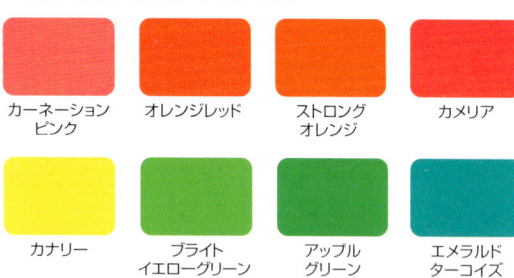

カーネーションピンク	オレンジレッド	ストロングオレンジ	カメリア
カナリー	ブライトイエローグリーン	アップルグリーン	エメラルドターコイズ
コバルトブルー	ペリウィンクルブルー	バイオレット	パンジー

明清色やソフトな色が豊富

コーラルピンク	シェルピンク	パールピンク	パフ
ハニーベージュ	オレンジ	キャンドルライト	ライトイエローグリーン
パステルイエローグリーン	ウォームアクア	アクアブルー	ラベンダー

基調色

アイボリー	ライトウォームグレー	エレファント	ネービー（春）
ミディアムブラウン	チョコレートブラウン	キャメル	ベージュ（春）

秋 のカラーパレット

深みのある色が豊富

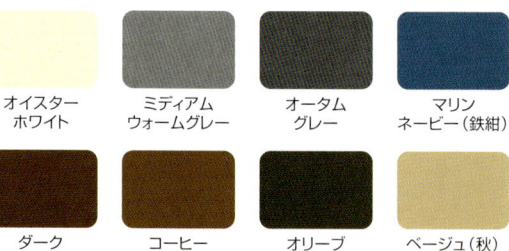

レッドパプリカ	マホガニー	ラスト	ディープオレンジ
マスタード	カーキ	ライトモス	モスグリーン
ディープティール	マリンブルー	パープル	エッグプラント

明るい中間色が豊富

ライトサーモン	サーモンピンク	アプリコット	サーモン
コーラルレッド	ゴールド	コパー	ライム
ターコイズグリーン	ターコイズ	ブルーウォッシュ	オータムペリウィンクル

基調色

オイスターホワイト	ミディアムウォームグレー	オータムグレー	マリンネービー（鉄紺）
ダークブラウン	コーヒーブラウン	オリーブグリーン	ベージュ（秋）

夏 のカラーパレット

清色が豊富

ローズピンク	ローズクォーツ	ラズベリー	ウォーターメロン
ライトレモンイエロー	スプールスグリーン	マラカイトグリーン	ステラブルー
スカイブルー	ライラック	アメジスト	プラムブラックベリー

中間色が豊富

ソフトフューシャ	スモーキーピンク	ライトモーヴ	パステルイエロー
ミントグリーン	ジェイドグリーン	スモーキーブルー	アクアパウダーブルー
ブルーグレー	パープリッシュブルー	プラムブラウン	プラム

基調色

ソフトホワイト	ライトブルーグレー	ダウングレー	パープルネービー(ナス紺)
ココアブラウン	ローズブラウン	ダスクブルー	ローズベージュ

冬 のカラーパレット

彩度の高い鮮やかな色が豊富

マゼンタ	ショッキングピンク	ブルーレッド	トゥルーレッド
イエロー	エメラルドグリーン	ブルーマラカイト	チャイニーズブルー
クリアティール	ロイヤルブルー	ロイヤルパープル	フューシャ

薄い色や、濃い色が豊富

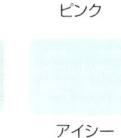

バーガンディー	パイングリーン	グレーカーキ	ディープティール
ダークパープル	アイシーピンク	アイシーイエロー	アイシーグリーン
アイシーアクア	アイシーブルー	アイシーバイオレット	ドーブ

基調色

ピュアホワイト	トゥルーグレー	チャコールグレー	ブラック
ネービー(冬)	ブラックブラウン	スモークグレー	グレーベージュ

基調色は大きい面積で用いやすい低彩度色です

Part2 Lesson4 ● 診断の基礎を学びましょう

分析のポイント

テストカラーで似合う色の三属性やトーンを見ましょう

パーソナルカラー診断は、複数のテストカラーと肌色との調和感を三属性やトーンの要素を尺度に分析し、似合う色の特性を導き出していく作業です。

2枚1組のテストカラーを数組比べて、似合う色がイエローベースかブルーベースか、高明度か低明度か、高彩度か低彩度か、トーンでは清色か中間色かを注意深く観察し絞り込みます。春のテストカラーが似合うからといって、パーソナルカラーは春だと1組の診断だけで結論を出さないでください。1枚のテストカラーには色相、明度、彩度、トーンの情報がすべて含まれているので、テストカラーを比較する際、目的が明度の比較なのか彩度の比較なのかなどと1要素ずつを意識して分析し、複数組のテストカラーを比較した結果を集積すると正しい診断ができます。何枚も当てていくうちに似合う色の傾向が高明度か低明度かなどがはっきりし、そのデータが普段の色選びの理論づけになります。パーソナルカラー以外の色も、似合う三属性やトーンに即して探すこともできるようになります。

テストカラーの比較の仕方

テストカラーをフォーシーズンに分けて、2シーズンを1組にし、数組を比較しながら似合う色を検討してパーソナルカラーを導き出します

Step 1 4つのシーズンから比較する1組を選ぶ

原則としてイエローベースとブルーベース各1グループから代表的な赤・青・黄・緑・ピンクの5つの同色相のテストカラーを1枚ずつ選びます。例えば、本書12ページの好きな色のグループ2つや、似合いそうなシーズンふたつそれぞれの緑を用意します。

Step 2 ①のテストカラーの第一印象を比較する

顔に対して、①で用意した2枚のテストカラーがどんな印象かを見ます。似合う場合は、元気よく見えるなど、どんな風に似合うかを、似合わない場合は、顔色が悪くなるなど、その理由を考えます。わからない場合はそのまま次に進みます。

Step 3 色相ごとに似合うテストカラーを選ぶ

①で比較したグループを別の色相どうしで比較します。例えば①の赤のほかにピンクどうしではどちらが似合うかを比べます。青の場合はどうか、緑の場合は…と複数の色相を1組ずつ比べていきます。②と同様に、似合う理由も考えます。

Step 4 比較した2グループの印象の傾向を見る

①～③で比較した数組のテストカラーをグループ別に分けなおし、グループ内で共通して感じる印象を探します。例えばCのグループは赤もピンクも青も緑も共通してツヤが出る一方、Bでは赤、ピンク、青、緑どれも共通して顔色が悪くなることなどです。

Step 5 似合う印象のグループを選別する

④で似合う印象が多かったグループを選別します。残りふたつのグループのうち、選別したグループと対抗するベースカラーを選びます。双方を①～④の手順で比較し、選別します。まだ比べていないグループと比較します。その結果、選んだグループがあなたのパーソナルカラーです。

Step 6 似合う三属性、トーンの傾向を知る

ひとつのグループに絞り込むのも似合う傾向を知る目安になりますが、似合う色相、明度、彩度、トーンの傾向をつかむことが肝心です。①～⑤の診断から、例えば、元気に見える色が似合い、清色と高彩度が似合う可能性があると知ることが実際の色選びに役に立つのです。

診断してみましょう

正しい診断には準備も大切です

適正な分析結果を導き出すためには、準備も大切です。診断場所の環境、診断者のメイクによって診断結果が大きく変わってしまうことがあるのです。

準備が整ったら、さっそく診断してみましょう。66ページからの「診断NAVI」は、コンサルタントが診断者のパーソナルカラーを診断する手順を追っています。最初のうちは、熱心に診断しているうちに、つい、テストカラーの使い方をあやまってしまうこともあるかもしれません。診断の際によくある失敗例も診断NAVIの最後に紹介してありますので参考にしてください。

準備しましょう

用意するもの

テストカラー
縦約20cm×横約40cmの1枚1色の色布か色紙。各シーズンに5種類（赤・青・黄・緑・ピンク）で計20枚。診断結果がまとまらないときはさらに別の色のテストカラーをそれぞれのシーズン分用意します

鏡
上半身が映るサイズのもの

メイクアップ道具
コンサルタントは診断の仕上げに、選ばれたパーソナルカラーが似合うか確認するために使うフォーシーズンのアイシャドー、チーク、リップなどを用意します

注意すること

場所
日中の自然光が入る明るい場所が最適ですが、人工照明の場合はなるべく色に癖のない光源の明るい場所を選びます。蛍光灯はあまり青みの強くない調整色なら大丈夫です。白熱灯は黄みが強いので避けます

メイク
できるだけノーメイクで行います。素肌の色みとテストカラーを比べることが大切です。メイクが落とせない場合でも口紅やはっきり色を感じるアイカラー、チークなどは落としましょう。ファンデーションが明らかに肌の色と違う場合も同じです

アクセサリー
イヤリングやネックレスなど顔まわりのアクセサリーははずします。眼鏡はフレームやレンズに色のないものが適します。1人で診断する人で眼鏡をはずすと自分自身でよく見えない場合は、フレームの色に影響されないように気をつけましょう。かわりに他の人にテストカラーが似合うかどうかを診断してもらうのもよいでしょう

服装
診断者は色みが影響しないように、低彩度色の上着か、肩から白いケープをかけます

人数
1人でも鏡を見ながら診断できますが、2人で互いに診断するのがおすすめ。3人以上でより客観的に診断できます。意見をまとめやすいよう最大5人までで行うのが望ましいでしょう

コンサルタント
コンサルタントは診断者の上半身が鏡越しに見えるような位置に立ちます。遠すぎたり近すぎたりしないよう、また、両手が自由に動かせるように気をつけて立ちます

この本で診断できます

本書では、左ページをイエローベース、右ページをブルーベースにしたピンク・緑・青の色相のテストカラー集と、シーズンごとの特徴ある色を一度に当てることができるストライプ状のテストカラー集など診断の要点を押さえた便利なテストカラー集とフォーシーズン分類対応のリップカラーシートを用意しています。

くわしくは111ページ

診断 NAVI
テストカラーを上手に使って似合う色を絞り込んでいきます

1 Start 診断者の全体的な特徴をつかむ

診断者は鏡の前に座ります。コンサルタントはリラックスして診断できるように、話しかけながら、さりげなく診断者の全体の印象を見ます。診断者のよい印象、マイナスの印象、どんな嗜好があるか、どんな雰囲気の人などのデータを集めます。

2 フォーシーズンの説明をする

どんな理由で分けているか、それぞれのシーズンの特徴は何か、診断者の色の知識のレベルに合わせて説明します。色彩理論の勉強をしている人には、トーンや三属性の話を織り交ぜながら、まったく初めての方にはテストカラーを見せて説明します。

5 ❹で選んだ2つのグループから同じ色相を選んで比べる

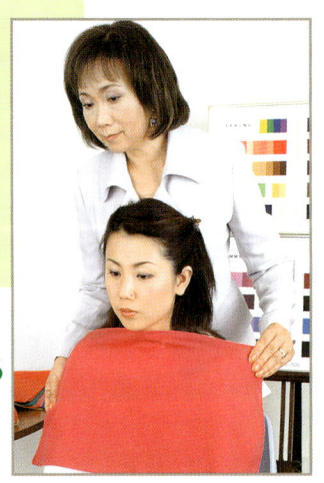

❹で選んだ2つのグループから同じ色相の色を選びます。色相は代表的な赤・青・黄・緑・ピンクの5つから選びます。比較するグループのテストカラーを胸の上に広げ、その上に似合いそうなほうのテストカラーを重ねて置き、めくって見比べます。写真では夏の赤より、秋の赤が似合いました。低明度が似合う印象です。このように似合う理由も考えます。

6 色相を変えて似合うトーンを比べてみる

次に⑤で使わなかった代表的な色相を選び、⑤で比べた2つのグループを⑤と同じ要領で比較します。写真では青のテストカラーで比較しました。ベースの違いのほかに秋は中間色で、夏は清色でした。どちらがよいとも言えず、似合うポイントは絞れませんでした。絞れない場合はそれぞれの印象を控えておき最後に似合う傾向を出す際の参考にします。

③ 肩に白いケープをかける

着ているものの影響を受けないように、診断者の肩から白いケープをかけます。できればテストカラーが滑りにくい素材にします。髪が顔にかかっていればピンで留めたり、色の影響を受けないように、イヤリング、チョーカーなどのアクセサリーや、眼鏡ははずします。

④ 比較する2つのグループを選ぶ

テストカラーをフォーシーズン各1枚ずつ当てて似合いそうなグループをひとつ選びます。写真では秋の色が似合いそうなので秋をメインのグループとして選びました。秋はイエローベースなので、比較するグループは対抗ベースカラーのブルーベースの夏の色にしました（冬でも構いません）。

⑦ さらに色相を替え似合う彩度を比べてみる

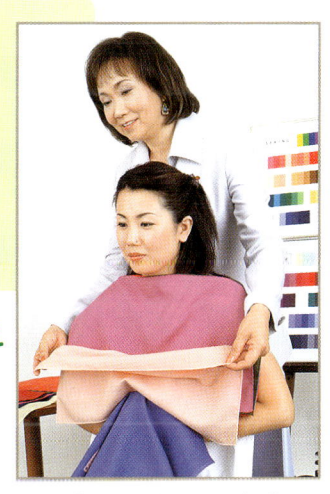

次に、⑤、⑥で使わなかった代表的な色相を選び、⑤で比べた2つのグループを同じ要領で比較します。写真ではピンクどうしで比較しました。秋のピンクは低彩度すぎますが、ベースは黄み寄りのほうが顔色が華やかに見える印象です。夏の色は全体に寂しく、原因はブルーベースにあるようです。だんだん診断者に似合う色の属性の傾向が見えてきました。

⑧ ⑦までをまとめ、似合うシーズンを残す

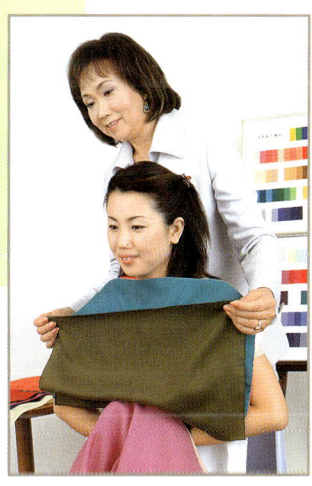

このように④〜⑦の手順で、色相、明度、彩度のさまざまに異なる数組のテストカラーを同色相どうしで比較して、似合う要素を判断していきます。写真では、秋と夏で比べた結果、要素は、色みを出すほうが似合うのでイエローベース、⑤の結果のほかに緑の比較では暗い緑も似合ったことから低明度、⑦の結果から高彩度が似合い、総合して夏より秋が似合うと診断しました。夏を除き秋を残します。

Part2 Lesson4 ● 診断の基礎を学びましょう

9 残りの2グループとも比べ、似合うシーズンを絞り込む

除いたグループと同じベースカラーのシーズンと、選別したグループとを比較し、⑤〜⑧の要領で似合うグループを選びます。次に、そのグループとまだ比較していないグループを同様に比較し、ひとつに絞ります。写真では、ブルーベースの冬と秋を比較して秋を選び、次に、残った春のグループと秋を比べて秋が似合うと診断。イエローベース、低明度、高彩度、中間色が似合うという診断結果が出ました。

10 分析結果を整理する

⑨で選んだ、似合うシーズンの4色のテストカラーをグラデーションにして診断者に当て、診断の経過と結果を整理し、似合う色相、明度、彩度、トーンを説明します。特に、似合う色が診断者にとって予想外のグループであったり、好きな色が似合わないと診断された場合、コンサルタントは、似合う色のよりよい理由を説明します。

気をつけましょう

正しい診断結果を出すには、テストカラーを正しく使うことが大切です。また、コンサルタントは診断者に気づかいも忘れてはいけません。ここでは誤りやすい使い方を紹介します。1人で診断する場合も同じです。

顔をおおってしまう

テストカラーを胸元に当てるとき診断者にひとこと声をかけ顔の前で広げないようにしましょう。診断者はびっくりしてしまいます。

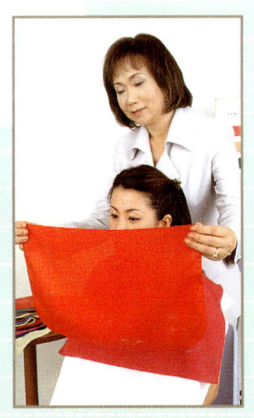

首に近づけすぎる

下に重ねたテストカラーが見えないようにするため、上のテストカラーを首に巻きつけるように近づけすぎると、診断者が不自然な姿勢になり、首が苦しくなります。見た目もよくありません。

テストカラーにシワがある

テストカラーを丁寧に広げておかないと、シワが影になり、また、いろいろな色が見えてテストカラーの正しい色で診断できません。

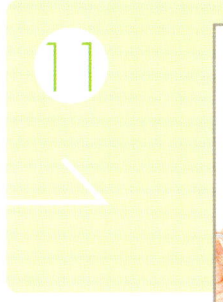

11 選んだシーズンカラーのメイクで確認する

　診断者に似合うシーズンの色のチークや口紅をつけます。すると似合う色が雰囲気に与える効果がはっきりと実感できます。もし試した口紅やチークが明らかに似合わない場合、コンサルタントは再度診断結果を確認する勇気も必要です。また、化粧品は人により合わない成分があることもあるので、あらかじめ診断者に承諾を得ます。

12 再確認とアフターケアも忘れずに

　髪留めをはずし、髪を整え、再度テストカラーを当てます。本書巻末のフォーシーズン別のストライプ式テストカラー集や、リップカラーシートから、似合うグループの色を当てて似合う色の効果を再確認します。診断者に似合うテストカラーを何通りか組合わせて見せたり、色見本を渡すのも、診断者が似合うシーズンカラーを活用するよい手助けになります。

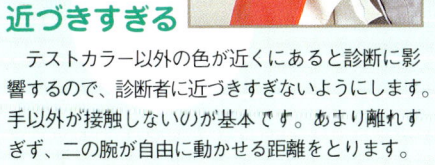

診断者に近づきすぎる

　テストカラー以外の色が近くにあると診断に影響するので、診断者に近づきすぎないようにします。手以外が接触しないのが基本です。あまり離れすぎず、二の腕が自由に動かせる距離をとります。

診断でよく使う言葉

顔の色みを「プラスする」・「足す」

イエローベースのテストカラーを顔の近くに当てると、顔の色みに働きかけ、顔色も強く濃くなることを言います。

顔の色みを「マイナスする」・「引く」

ブルーベースのテストカラーを顔の近くに当てると、色みが顔の青みの要素との相乗効果で弱くなり顔の色みが白く見えることを言います。

Part2 Lesson4 ● 診断の基礎を学びましょう

確認しましょう

診断NAVIの分析のポイントをまとめます

診断NAVIでは、2枚1組のテストカラーを比較し似合う色を選びました。ベースカラー、明度、彩度、トーンという要素を比較する際、何を目安にしたかを確認します。

診断のポイント
4つの要素の比較のしかたを確認します

Point 1　ベースカラー
イエローベースの色が似合うと顔の色みが増し、血色よく見え、ブルーベースの色が似合うと顔の色みが抑えられ、顔の色がきれいに白く見えます。

Point 2　明度
高明度の色が似合うと顔も一緒に明るくなり、低明度の色が似合うと顔の色みが濃くなってツヤが出ます。

Point 3　彩度
高彩度の色が似合うと顔色がつややかで華やかに見えます。低彩度の色が似合うと顔色は色みが少ない分、明度に左右されます。

Point 4　トーン
清色が似合うと輪郭や顔の中の線がクリアになりツヤも出ます。中間色が似合うと輪郭がソフトで、肌が滑らかに見えます。

注意
イエローベースかブルーベースかだけにポイントを絞ると、似合う色の特徴が分かりづらくなり、顔立ちや雰囲気といった、色ではない理由で判断してしまうことになりやすいので気をつけましょう。

●テストカラーの用意について

診断NAVIでは20枚のテストカラーを使っています。本書の巻末のテストカラー集を代用しても構いません。62～63ページのカラーパレットや、テストカラー集の色を参考にして単色の布や紙をそろえてテストカラーにするのも一案です。各シーズンの特徴が分かりやすいテストカラーを選びましょう。

Column

パーソナルカラリストはすぐ似合う色がわかるの？

テストカラーを当てて色を診断するのが基本です

パーソナルカラリストであっても、初対面の方に似合う色を尋ねられ、即答することはできません。見当がつくことはありますが、テストカラーを当てて初めて、プロとしての診断ができます。

私たちは一般に、物体を見るとき、色と形と質感を同時に見ています。3つとも互いに影響しあう要素ですから切り離せません。しかし、パーソナルカラリストはあえて色を第一に見ます。顔立ちは色ではなく形です。雰囲気も色でなく、質感に近いものです。両方とも物体を見るときは不可欠ですが、診断の観点を形と質感を中心にすると、イメージに頼った安直なカラー診断になりやすくなります。もちろん顔立ちや雰囲気も物体のもっている大切な要素です。最終的な段階のアドバイスでは触れますが、基本はあくまでも色です。まず、テストカラーの色で似合う色を分析し、顔立ちや雰囲気については、色の分析結果から導き出したパーソナルカラーの特徴を、診断者の個性に加味するようアドバイスしましょう。

ハッキリした顔立ちで、さっそうとしていてキャリア風に見えるからといって、なんとなく冬のタイプと決めてしまうのは禁物

実際の診断を追ってみましょう

　4つの色相で似合う明度、彩度、トーンを具体的に選び、似合うグループを絞り込む手順を追います。モデルにしたのは12ページの「好きな色確認テスト」で「D」の色、つまり冬の色に好きな色が多い人の診断です。テストカラーは各シーズンから赤・青・ピンク・緑の4枚を用意し、秋対冬、秋対夏のようにイエローベースとブルーベースを対抗させ交互に顔のそばに当てて比べます。

診断❶ ブルーベースの冬の色とイエローベースの秋の色の比較

① 冬の赤　② 冬の青　③ 冬のピンク　④ 冬の緑
⑤ 秋の赤　⑥ 秋の青　⑦ 秋のピンク　⑧ 秋の緑

　⑤は元気で①は少し寂しく見え、②は⑥よりすっきり感があり、③より⑦は弱い感じがし、⑧は顔にツヤが出てきれいで、④は顔色が青白く見えました。

診断❶の結果

　⑤と⑧が似合っていたのでイエローベースかも知れません。②と③がよかったので高彩度の色は似合うのかもしれません。⑤も⑧も高彩度ですから、この2組のシーズンのうち、似合いそうな秋の色を残します。

診断❷ 秋の色と、もうひとつのブルーベースである夏の色の比較

⑨ 夏の赤　⑩ 夏の青　⑪ 夏のピンク　⑫ 夏の緑

　夏の色は全体に顔色が白くなりすぎて寂しい印象でした。⑩はすっきりしてよいのですが⑥と比べるとやはり寂しい感じです。

診断❷の結果

　この時点でイエローベースが似合うと診断がつきました。やはり秋のグループのほうに似合う要素が多いので、最後にイエローベースどうしの春の色と秋の色で比較します。これまでの経過から、イエローベース、高彩度、清色が似合うかもしれません。明度はよく分かりません。春の色は明るい色が多いので春と秋を比べれば分かるでしょう。

診断❸ 春の色と秋の色を比較する

⑬ 春の赤　⑭ 春の青　⑮ 春のピンク　⑯ 春の緑

　今までよく見えた⑤が⑬に比べ少し暗く感じました。⑥より⑭のほうが輪郭がクリアですっきり見えました。いままで秋のグループで物足りなかったピンクの印象も⑦よりも⑮のほうが色みが合い、⑧より⑯か明るくく似合いました。明度は中〜高明度が似合い、暗い色は少し重い感じがしました。

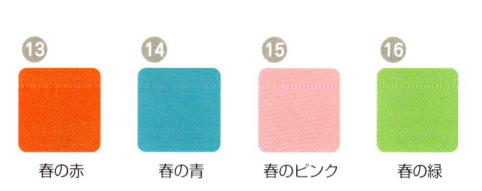

冬の色が好きだったけど春の色が似合うのね！

結論

　パーソナルカラーは春の色です。黄み寄りの色相で、明るいこと、透明感のあることを条件に色選びをすれば的確に似合う色を探すことができます。派手な色も個性的に着こなせます。

判断に迷ったときの決め手

最後に残った2つのシーズンを絞り込む決め手

　実際に診断すると、当てはまりそうなシーズンがふたつあったり、似合う色と好きな色の折り合いがつかなかったりする場合があります。4つのシーズンは互いに相違点と共通点があります。イエローベースも、ブルーベースもどちらも似合う気がするという場合、例えば同じ彩度で比べるなど、両者の共通の要素の色で比較すると、似合う色の傾向がよりはっきり見えてきます。高明度の色が似合うなら、とりあえず明るい色が多い春と夏が候補になります。しかし、ここで重要なことは、いずれかのシーズンに絞りこまなくとも、すでに「明るい色」という似合う色の特徴をひとつ確実に発見していることです。そこを基点に少し時間をかけて診断し、彩度やトーンなど、ほかの要素も研究してみましょう。

似合う色を合わせるとこんな印象です

春の人

- イエローベースを当てると顔色が明るくなる。色だけ目立つような印象もない
- 澄んだ明るい色を当てると色が白くなり、すっきりした感じがする
- 純色で高彩度の色は顔色も一緒に生き生きしてツヤが出て、色みが出すぎてのぼせたような感じにはならない
- 清色が似合うが、ソフトな中間色も似合う。濁りが強い色は似合わない。明るめの暗明色はよく似合う
- 派手な色が安っぽくならず表情が生き生きとして、年齢に関りなく自然な若々しさが感じられる

夏の人

- ブルーベースの色を当てると顔色が白くすっきりする。グレイッシュな白さや寂しい感じの白さではない
- ライトトーンに近い清色はすっきりと華やかになる。春のライトトーンと比べると、春がしつこく感じる。明るく、濁った色がとても似合う。中間色は輪郭が立体的に見え、肌の調子が滑らかに整って見える
- 高彩度の色で、特に純色は強すぎる印象になる
- 暗濁色に近い色は一見地味だがよく似合う

秋の人

- イエローベースをつけると、肌の色に色みが増し、一見濃くはなるがあでやかな印象。濁って黄みを強く感じるようであれば秋の人ではない
- 高彩度・暗清色が純色に比べて重みのある華やかな印象に見える
- 明るさの限界はライトグレイッシュトーン。さらに高明度では顔色が抜けたような印象
- 全般に低明度や中間色がよく似合い、輪郭が立体的になり肌は滑らかに整って見える。
- ゴージャスで、大人っぽい美しい印象になる

冬の人

- ブルーベースの色を当てると肌の色みが強くなりツヤが出る
- 澄んだ暗い色がよく似合う。暗い色は顔色も暗くなり、鼻の脇から出ている線やクスミなどの色素が目立ちやすいが、冬の人は目立たない。顔の色みがよく出てかっこよく見える
- 無彩色や低彩度色がよく似合うが、中間色全般はボケた感じがする。清色は輪郭がシャープになり顔のツヤが増して見える。
- 純色は似合うが、イエローベースの純色は色ばかり目立ち、浮いた感じがする

2つのグループの似た要素を比べます

診断の過程で、シーズンがふたつに絞り込まれ、どちらが似合うか迷ったら、シーズン双方の似ている色相どうし、または明度どうし、彩度どうし、トーンどうしなどを比べましょう。

第一候補が春で、秋と比べるときは、表の縦の項目「春の人」と、横の項目「秋と比べる」の欄を見ます。秋が好きだけど似合うのは春のようだというときも同じ欄を見ます。

	春と比べる	秋と比べる	夏と比べる	冬と比べる
春の人		基調色で比較するか、中間色と清色を比べ、中間色がボケたら春が似合う。暗い中間色は春の人に似合わない。	春と夏の清色(ライトトーン)では夏が寂しいと春の可能性が高い。夏の中間色は春の人に似合わない。	春と冬の純色(どちらも高彩度)で冬が硬い感じがすれば春の可能性が高い。冬の暗清色は春の人には暗すぎる。
秋の人	秋の高彩度色と春の純色を比べ、春の純色がピカピカのぼせたような印象になると秋の可能性が高い。春のライトトーンも秋の人には物足りない。		秋と夏のライトグレイッシュトーンを比べて、夏は顔色が寂しくなると秋の可能性が高い。夏のライトトーンは、秋の人には色が抜けた感じになる。	秋と冬それぞれの高彩度色と低明度のコントラスト配色を比べて、冬が強すぎると秋の可能性が高い。冬の清色は秋にはかたすぎる。
夏の人	夏と春の明るい色で春の色が色ばかり目立ったら夏の可能性が高い。春の純色は夏の人に似合わない。	夏と秋のライトグレイッシュトーンを比べ、秋の色が黄みが強く出ると夏の可能性が高い。秋の暗い中間色も濁りが出て夏の人には似合わない。		夏の清色のピンクと冬の中間色のピンクを比べ、冬のピンクが色ばかり目立つなら夏の可能性が高い。冬の暗清色は夏の人には強すぎる。
冬の人	冬と春の高彩度色と比べて、春の色が黄みが強くてピカピカしすぎたら冬の可能性が高い。春の色は冬の人には明るすぎて似合わない。	冬と秋の低彩度色を比べて、秋の色が黄みが強く濁った感じがしたら冬の可能性が高い。秋の暗く濁った色は冬の人には似合わない。	冬と夏のグレイッシュトーンで比べて、夏に物足りない感じがしたら冬の可能性が高い。夏の中間色はボケてしまい冬の人に似合わない。	

【注】第一候補が絞れず「春か秋かわかりにくい人」は、「秋の人」・「春と比べる」の欄と「春の人」・「秋と比べる」の欄の2ヵ所を見ます

Part2 Lesson4 ● 診断の基礎を学びましょう

Lesson ⑤
フォーシーズンのコーディネート術

自分自身のパーソナルカラーを理解して取り入れると、生活の中でプラスになることがたくさんあります。ここではファッションでの生かし方を紹介しましょう。

パーソナルカラーを活用してみましょう

現代人にとって切り離すことのできないコミュニケーションツール

　パーソナルカラーはさまざまなシーンであなたの魅力を引き出してくれたり生活を生き生きと豊かにしてくれる「あなたのための色」です。

　本書の始めに述べたように、これは決して「似合う色」ばかりを指しているわけではありません。「好きな色」もまた大切な要素です。好きな色に接すると、私たちの心は快く高揚し、また癒されます。「似合う色」と「好きな色」が一体となってあなたを輝かせるのです。

　これまで似合う色を診断する行程を通して、色を感覚的にではなく、理論的に見る訓練をしてきました。もう一度あなたの好きな色を客観的に見つめ直してみましょう。自分でも意識していなかった部分が見えてくるかもしれません。

　「好きな色」と「似合う色」を、無理に一致させる必要はありませんが、可能な限り似合う色を好きな色の仲間に入れてあげてください。あなたに愛されてこそ、自分に似合う色は本領を発揮します。

　また、パーソナルカラーを自覚し取り入れれば、色に「心理的な情報を伝達する大きな力がある」ことも理解できるでしょう。

　人の第一印象は出会って6秒で決まると言われています。今後は出会いの瞬間からあなたの好印象をアピールするための、あなただけのパーソナルカラーを十分に活用してください。パーソナルカラーが現代人にとって、大切なコミュニケーションツールのひとつだと強く実感するはずです。

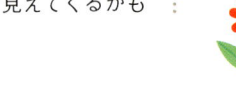

HOW DO YOU DO?

各シーズンの特徴を理解して
コーディネートに役立てましょう

　プロのパーソナルカラリストは、右のようなパネルを使いながらパーソナルカラーについて説明していきます。あなたもフォーシーズンの色の特徴が理解できてきましたか？

　各グループは、大まかに2つの性質を持っていて、それが他のグループ相互の共通点、あるいは相違点にもなっています。改めて62〜63ページのカラーパレットも参照しながら、考えていきましょう。

　「春」「秋」と「夏」「冬」はベースに共通点があります。「春」「夏」、「秋」「冬」は明度に共通点が、「春」「冬」、「秋」「夏」は彩度と色調に共通点があります。確認しくみましょう。同じように相違点もチェックしてください。違いがわかりますか？　61ページの相関図でも確認しましょう。

　この分類ができれば、あなたはフォーシーズンのパーソナルカラーをかなりよく理解できていることになります。

　自分に似合う色を理解しておくと、色の効果によって肌がきれいに見え、自身の欠点が目立たなくなるなど、周囲への好印象に結びつく効果が表れます。

各シーズンの色を配したパネル
春はキュートで、秋はシック。夏はエレガントで、冬はクールなイメージの色の集まり

Part2　Lesson5●フォーシーズンのコーディネート術

🍵 Column

コーディネートには配色も大切！

自然に調和する配色でおしゃれ上手に

　自分のパーソナルカラーを最大限に活用するには、配色の基本を踏まえたコーディネートがポイントです。一層いろいろな組み合わせが楽しめるうえ、ワンパターンにもなりません。

　配色はベースカラーとサブカラー、アクセントカラーのバランスが大切です。またすてきなコーディネートを見たら、その配色を覚えておくのもおすすめです。

配色の割合
※ファッションコーディネートの場合、下記の割合はあくまでも目安です

ベースカラー
大きい面積を占め、全体の雰囲気を支配する色

全体の約70%
ジャケットとパンツ・スカート、ワンピースなどの色

サブカラー
ベースカラーとのバランスをとり、全体のイメージの調整をする色

全体の約25%
シャツなどのインナー、ベスト、ストールなどの色

アクセントカラー
小面積で全体のメリハリをつけるために用いる色。対照的な配色を基本に選びます

全体の約5%
アクセサリーやスカーフといった小物などの色

春の人 若々しくてキュートな印象 鮮やかな色が似合います

　春の人は年齢を問わず、若々しくてキュートです。表情も豊かで、動作も軽やかで、のんびりしていてもどこかリズミカルな人が多く、もの静かに見えても決して暗くありません。

　色は本人の好き嫌いを問わず、派手な色がよく似合います。鮮やかなオレンジレッドやイエローグリーンを身につけてもすんなり着こなしてしまい、色だけ目立つということもありません。春の人はもともと肌にツヤがありますが、コーラルピンクやスカイブルーを身につけるとさらにツヤを増し、血色もよく、生き生きと見えます。瞳にはクリスタルガラスのような輝きがあり、白目と黒目のコントラストがクリアな人が多いようです。

　なお、春の人は全般的に濁りの強い色や地味な色は苦手です。とたんに老けて精彩を欠いてしまうので、シックな装いをしたときでも少しだけ鮮やかなポイントカラーを効かせるといった配慮が必要になります。

色選びのコツ
鮮やかな色、軽やかで透明感のある色が多く、温かみのある色が春の人には似合います。

似合う色はこれ

赤　春の赤はオレンジレッドやストロングオレンジなど鮮やかです。一見派手ですが、春の人にはよく似合います。強すぎると感じる場合はアクセントカラーとして使うと効果的です。また、気持ちを奮い起こしたいときには、スーツなど広い面積に使うのもよいでしょう。
- オレンジレッド
- ストロングオレンジ

黄　黄色は身につける人を元気づけてくれます。春の人の場合、色はパフで柔らかい素材のワンピースなどは初対面の人にも好感度が高いでしょう。さらに明るいカナリーは一見派手な色ですが、不思議に春の人にはよく似合います。
- カナリー
- パフ

緑　目にまぶしい新緑、それが春の緑です。オレンジやピンクとコーディネートすれば、明るく可愛らしい印象になり、アクアブルーと組み合わせればとてもさわやかです。アップルグリーンのようにパンチの効いた色はアクセントカラーに便利です。
- アップルグリーン
- ライトイエローグリーン

青　春の人がアクアブルーの服を着ると肌の色が白く引き立ち、疲れ気味のときでも、顔色をきれいに見せてくれます。鮮やかな青もよく似合いますが、部屋着としてウォームアクアなどソフトな青を着ると、優しく安らかな気分になれるでしょう。
- アクアブルー
- ウォームアクア

モノトーン　春の人は派手な色には強いのですが、地味な色はあまり上手に着こなせません。弔事以外で黒を着るときは、特に口紅の色に気をつけてください。白はアイボリーが似合います。春のグレーは地味にならず、シックにエレガントに見せてくれる貴重な色です。
- アイボリー
- ライトウォームグレー

メイク　春の人のイメージに合わせて明るく元気な印象に

春の人のベストメイク

明るい色使いが、若々しくキュートです

●ファンデーション

イエローベースの肌にはオークル系

どこかに"ツヤ"や"強さ"を感じさせる肌をしています。春の人の肌はイエローベースなので、基本的にはオークル系が合いますが、あくまでも実際に肌につけて確認してください。

オークル系（明るめ）　オークル系（普通）

●アイシャドー

アクセントカラーは明るめの色を

ベースカラーは基調色の高明度・低彩度の色を使い、アイホール全体にぼかしてください。アクセントカラーは目の際に沿って、または目尻に明るい春の色をつけてもよいでしょう。アクアブルーやライトイエローグリーンなどもよく似合います。

ペリウィンクルブルー　シェルピンク　アクアブルー　ライトイエローグリーン　ライトウォームグレー

●チーク

ほおに丸く乗せてキュートに

チークはメイクを一段と映えさせる重要なアイテムです。春の人のチークはコーラルピンクか、薄いオレンジがきれいです。年齢を問わずキュートに見せたいなら、ほおの真ん中あたりにうっすら丸く乗せると効果的です。

オレンジ　コーラルピンク　シェルピンク

●リップ

ベージュのリップは若々しくおしゃれ

赤ならストロングオレンジ、ピンクならコーラルピンク、そしてオレンジは春の人に特に似合います。色みの薄いベージュ系も若々しくおしゃれです。軽やかでカラフルな色使いは似合うのですが、全体のバランスを考えた色選びをしましょう。

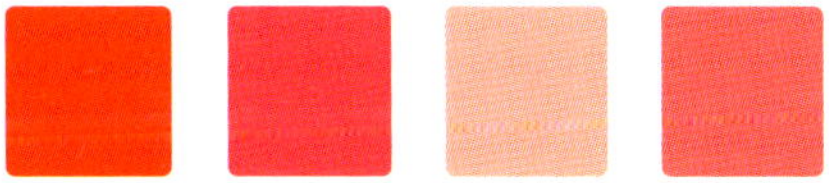

ストロングオレンジ　カーネーションピンク　パールピンク　コーラルピンク

ヘアスタイル & カラー

動きのある
ヘアスタイルに
明るめのヘアカラーを

　ヘアスタイルは春の人のキュートなイメージに合わせて、毛先に動きのあるデザインがおすすめです。
　ヘアカラーは基本的に明るい色が似合います。茶色の中でも、オレンジ寄りの茶色や黄みの強い茶色が特に似合います。ただし、ヘアカラーで黄みの強い茶色にする場合、緑みを帯びてしまうことがあるので注意してください。
　ヘアカラーは髪質に加え、本人がもともと持っている色素に薬剤の色を混ぜた色の見え方になるので、美容師に希望を伝えて任せたほうがよいでしょう。

シックな印象
ややダークな黄み寄りのブラウンは、シックなイメージを演出できます

チョコレートブラウン

さわやかな印象
春の人にもっとも似合うミディアムブラウンのヘアカラーは、顔色が美しく映えます

ミディアムブラウン

軽やかな印象
明るめのブラウンは、春の人のキュートな雰囲気にピッタリです

キャラメルブラウン

小物

動きのある形や
明るい色がおすすめ

　あまり重々しいものではなく、動きのある形や、大きくても明るい色のものを選びましょう。金属ではゴールドがよく似合います。しかも、かなり黄みの強いキラキラしたゴールドは、春の人がつけるととてもチャーミングです。純色を組み合わせたカラフルなスカーフがあると、シックな装いをしたときにも春の人らしいアクセントになるので便利です。

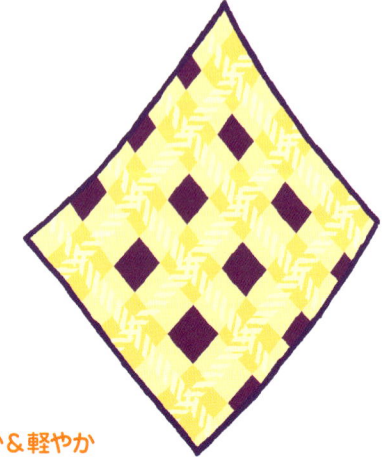

鮮やか & 軽やか
若々しい印象の春の人には、見るからに鮮やかで、軽やかな印象の小物がおすすめです

トータルコーディネート

カラフルなコーディネートが得意
基調色を使ってシックな着こなしも

春の色は全体に明るくて鮮やかな色が揃っているので、カラフルなコーディネートが得意です。しかし、春というと派手な色どうしのコーディネートばかりをイメージしがちですが、決してそんなことはありません。春の基調色を上手に使うと、シックな中にも軽やかで華やかな着こなしになります。

例えば紺と白でも、春のグループから選んだ色であれば、顔色をつややかに整えながら、キャリア風のシャープな装いを演出できます。低彩度色を上手に組み合わせてください。

●おすすめの配色例

上の3つは春の人が特に着こなせる配色例、下の3つはベースカラーに基調色の紺、グレー、茶色を用いた配色例です。

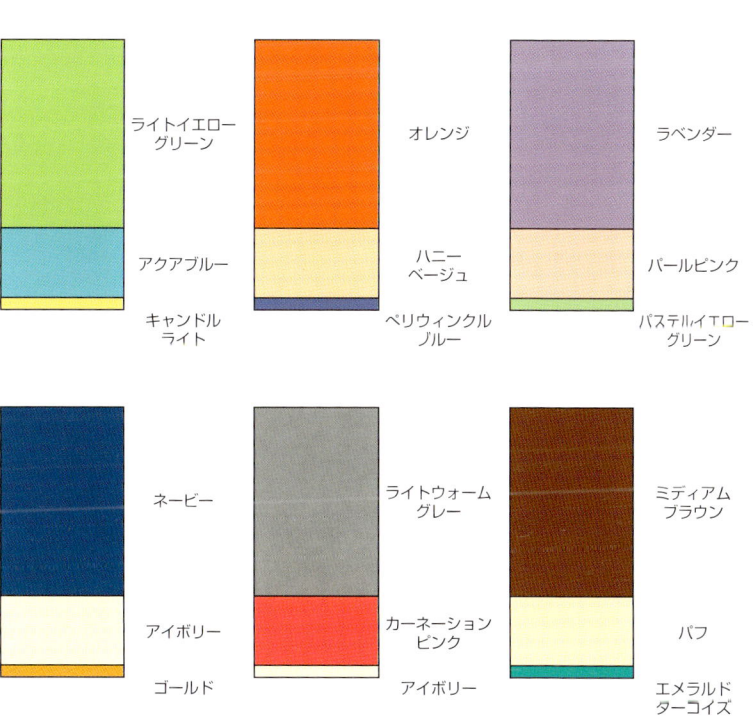

ライトイエローグリーン	オレンジ	ラベンダー
アクアブルー	ハニーベージュ	パールピンク
キャンドルライト	ペリウィンクルブルー	パステルイエローグリーン
ネービー	ライトウォームグレー	ミディアムブラウン
アイボリー	カーネーションピンク	パフ
ゴールド	アイボリー	エメラルドターコイズ

春の人らしい着こなし

ワンピースにボレロ、スカーフのコーディネートは春の人のイメージにピッタリです

Challenge

こんなベーシックな配色のファッションにもチャレンジしてみましょう

Part2 Lesson5 ● フォーシーズンのコーディネート術

秋の人 大人っぽく都会的な雰囲気 深みのある色が似合います

秋の人は一般的に大人っぽく見え、知的で外向的でも決して子どもっぽくならず、落ち着いた雰囲気を感じさせます。個人を尊重し、必要以上に干渉しないマイペースの人が多いようです。

色については、強い色や明るすぎる色には弱く、色に負けてしまうタイプですが、渋いモスグリーンやくすんだサーモンピンクなどを身につけると、秋の人はかえって華やかに見えます。少しも地味になりません。わずかに黒を含んだレンガのような赤は肌に透明感を出します。秋の人の瞳は優しくてソフトな印象です。秋の色に調和した肌は滑らかさやデリケートな感じがあり、地味な色をつややかに着こなします。

しかし、茶系や緑など似たような配色になりやすいので、青やグレー、紫など、秋にしてはイレギュラーな色のコーディネートも積極的に試してください。グレイッシュな明るいパステルも似合います。

色選びのコツ

深みがあってリッチな感じの色が多く、暖かみのある色が秋の人には似合います。

似合う色はこれ

赤 — 秋の人を、より印象的にドラマチックに演出してくれるのは、ラストなど少し黒の入った重厚でつややかな赤です。また、コパーのような中間色もよく似合います。シックなモスグリーンとの相性も抜群で、とてもゴージャスでおしゃれな印象を与えます。
- ラスト
- コパー

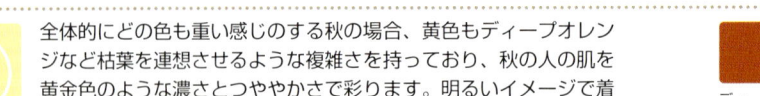

黄 — 全体的にどの色も重い感じのする秋の場合、黄色もディープオレンジなど枯葉を連想させるような複雑さを持っており、秋の人の肌を黄金色のような濃さとつややかさで彩ります。明るいイメージで着こなすには、マスタードなどがおすすめです。
- ディープオレンジ
- マスタード

緑 — 秋には緑が豊富にあります。ライトモス、モスグリーン、オリーブグリーンといった森林を思わせる深い色が揃っています。純色の緑はなかなかカラーコーディネートが難しいものですが、秋の緑は組み合わせがしやすいのが特徴です。
- ライトモス
- モスグリーン

青 — 色みとしてはそれほど多くはありませんが、なじみ深くて温かい感じの青が揃っています。ディープティール、ターコイズグリーンなど、緑寄りの色が多いのも特徴です。ピンクやグレーと組み合わせるとワンパターンにならずに、モダンな印象になります。
- ディープティール
- ターコイズグリーン

モノトーン — 微妙な色使いが上手いので、モノトーンもおしゃれなニュアンスで着こなせます。コントラストの効いた白黒配色のような感じは避けて、温かみを感じさせるグレーのコーディネートができれば成功です。白はオイスターホワイトなどを使いましょう。
- オイスターホワイト
- オータムグレー

◯ メ イ ク　秋の人のイメージに合わせて大人っぽくシックな印象に

秋の人のベストメイク

●ファンデーション

イエローベースの肌にはオークル系

　色みがあまりなく、滑らかさやデリケートな感じの肌をしています。秋も春と同じく基本的にはオークル系が似合いますが、ベースにあまりこだわらずに、実際につけて違和感のないものを選びましょう。

オークル系（明るめ）　オークル系（普通）

深みのある色使いで、洗練された雰囲気に仕上がっています

●アイシャドー

アクセントカラーはゴージャスな色を

　春と同じように、ベースには基調色の高明度・低彩度の色を使い、アイホール全体にぼかしてください。目尻には秋らしいゴージャスな色をつけてみましょう。ゴールドやモスグリーンなど、秋の人のまなざしにはよく似合います。

ゴールド　モスグリーン　ライトモス　ターコイズグリーン　ディープティール

●チーク

深みのある色で大人顔に

　秋の人のアダルトな感じを出すにはチークは重要です。ほお骨の下に沿って陰のように入れるチークは、ややダークなディープオレンジなどがすてきです。茶系のほかには、アプリコットやライトサーモンなども似合います。

ディープオレンジ　ライトサーモン　アプリコット

●リップ

微妙なニュアンスの色が豊富

　赤ならレッドパプリカやラスト、ときにはマホガニーもよいでしょう。ピンクならサーモン、そしてくすんだディープオレンジや淡いアプリコットもよく似合います。秋の人はリップカラーの微妙なニュアンスをたくさん楽しむことができます。

レッドパプリカ　ライトサーモン　サーモン　ディープオレンジ

Part2　Lesson5 ●フォーシーズンのコーディネート術

ヘアスタイル＆カラー

ヘアスタイルも
ヘアカラーも
ナチュラルに

　ヘアスタイルはナチュラルなストレートヘアなどが、秋の人の大人っぽい雰囲気に合います。

　ヘアカラーは基本的に暗い色が似合います。落ち着いた深みのある茶色が秋の人の雰囲気にはピッタリです。ダークブラウンを中心に、スモーキーな茶色もよいでしょう。茶色の中でもゴールドを含んだような色や黄みの強い茶色がおすすめですが、黄みの強い茶色は春の場合と同様に、結果的に緑みを帯びた色になってしまうことがあるので注意が必要です。

大人っぽい印象
黄みに寄った深みのある茶色は、大人っぽく洗練された雰囲気になります

ダークブラウン

ナチュラルな印象
もともと茶色が似合うので、この色はとてもなじみやすく、ナチュラルに仕上がります

コーヒーブラウン

都会的な印象
ブラウンヘアを代表するような明るめの色は、秋の人をよりおしゃれに見せてくれます

ヘアブラウン

小物

シンプルでありながら
遊びのあるデザインを

　ナチュラルな中にも、モダンな雰囲気を感じさせるデザインがふさわしいでしょう。金属ではゴールドやコパーのあまり光沢のない色みが、むしろゴージャスな感じになります。アクセサリーはシンプルでありながら凝ったデザインのものや、木製品などもピッタリです。

　また、スカーフがよく似合うので、いろいろな形や素材のものを楽しんでください。

ナチュラル＆シック
落ち着いた感じの秋の人には、ナチュラルでシックなデザインがおすすめです

トータルコーディネート

シックでおしゃれなコーディネートが得意 ときには鮮やかな色使いも

秋は全身をシックなテイストでまとめることができます。全体の色に統一感があるためバランスが取りやすく、茶色や緑の類似系の配色を使って定番のイメージを作るのであれば割合に簡単です。

しかも、大人っぽくおしゃれな感じのコーディネートができるので秋の人はとても有利ですが、その反面ワンパターンに陥りやすいので気をつけましょう。ときには、秋の人のイメージから少し離れた鮮やかな配色も、イレギュラーな面白さを演出できます。

秋の人らしい着こなし

落ち着いた雰囲気の秋の人は、フォーシーズンの中で一番着物が似合います

●おすすめの配色例

上の3つは秋の人が特に着こなせる配色例、下の3つはベースカラーに基調色の紺、グレー、茶色を用いた配色例です。

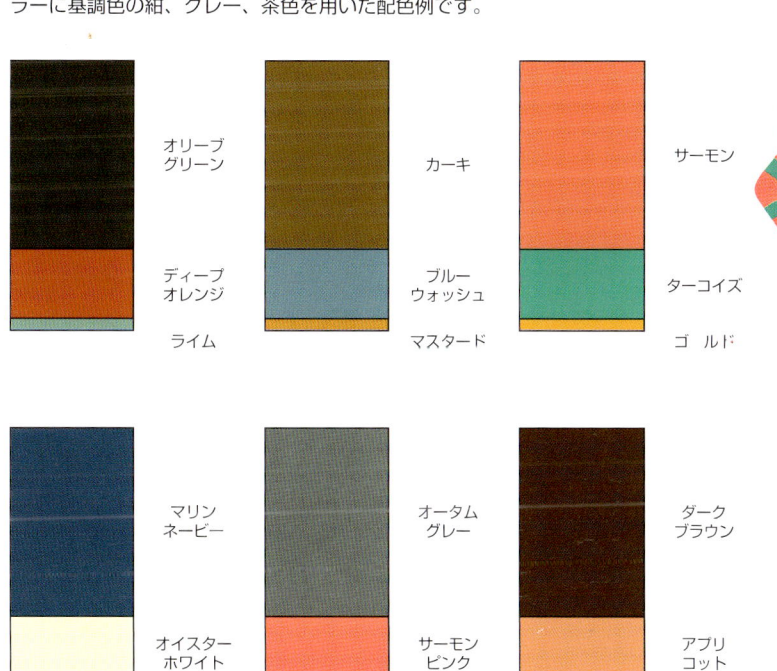

- オリーブグリーン / ディープオレンジ / ライム
- カーキ / ブルーウォッシュ / マスタード
- サーモン / ターコイズ / ゴールド
- マリンネービー / オイスターホワイト / コーラルレッド
- オータムグレー / サーモンピンク / ターコイズ
- ダークブラウン / アプリコット / エッグプラント

Challenge

アクセントに鮮やかな色を加えて楽しみましょう

Part2 Lesson5● フォーシーズンのコーディネート術

夏の人

女らしくてエレガントな印象 ソフト＆クールな色が似合います

夏の人は一般的に女らしくエレガントで、気配りも行き届いた人が多いようです。当たりは優しいのですが、芯に強さを秘めているようなタイプで、なかなかガンコなところもあります。

少し褪せたような青やミントグリーンを身につけたとき、夏の人はとてもシックで、かっこよく見えます。ソフトなピンクやローズ系の赤も格段に様になります。通常、夏という季節をもっと強い色でとらえることもありますが、パーソナルカラーの夏は少し違うので混乱しないように注意してください。

夏の人の肌はやや赤みを帯びていることが多く、寂しく見えやすい緑も華やかに着こなします。瞳の印象はソフトで、色みも強くありません。

夏の色は一般的に無難で、好感度ナンバーワンなのですが、特別なよさを出せるのは夏の人だけです。夏の人らしい色選びを心がけてください。

色選びのコツ

明るくてソフトな色が多く、グレイッシュな感じの涼しげな色がよく似合います。

似合う色はこれ

赤
ラズベリーやソフトフューシャのように夏の赤は穏やかで、他の季節のように強い感じがしません。なかでも、やや異色の黄みに寄ったウォーターメロンは、夏の人に多いココアブラウンの髪の色ともあいまって、肌の色をチャーミングに輝かせてくれます。
- ソフトフューシャ
- ウォーターメロン

黄
もともと顔色に赤みがあるので、黄色系統の色はあまり相性がよくありません。しかし、それでも似合う色はあります。ライトレモンイエローやパステルイエローのような淡い輝きを持った色です。肌色をきれいに見せるので、周りの人に明るい印象を与えます。
- ライトレモンイエロー
- パステルイエロー

緑
緑は顔色を悪く見せる傾向があるのですが、夏の人は緑を着ることによって、かえって血色が出て輝きが生まれます。マラカイトグリーンなど夏の緑はどれもグレーが少量入っているため、大きい面積で使っても落ち着いた感じになります。
- マラカイトグリーン
- スプールスグリーン

青
基本的に青が似合うので、夏の空のようなスカイブルー、深みのあるステラブルー、紫に寄った淡い青など魅力的な色がたくさんあります。グレイッシュなものも多く、他の季節の人には地味で精彩を欠く青が、夏の人にはよく似合います。
- スカイブルー
- ステラブルー

モノトーン
明るいグレーも似合いますが、地味なライトブルーグレーなどをシックに都会的に着こなせるのは夏の人です。そのとき、白や黒、他の夏の色を靴やバッグなどに少しずつ配したコーディネートをしてください。メリハリのない感じにならないための工夫です。
- ソフトホワイト
- ライトブルーグレー

メイク　夏の人のイメージに合わせて優しく、エレガントな印象に

夏の人のベストメイク

ソフトな色と涼しげな色が、品よくまとまっています

●ファンデーション

ブルーベースの肌にはピンク系

　きめ細かいデリケートな肌です。ブルーベースの肌の人は基本的にはピンク系が似合うとされていますが、夏の人でもほかの系統の色のほうが肌になじむ場合も多いので必ずつけて確認してください。

ピンク系（明るめ）　ピンク系（普通）

●アイシャドー

アクセントカラーは鮮やかな色を

　夏の色は全体に統一感があり、どれを身につけても浮いた感じにはなりにくいのでいろいろ試してみましょう。アイホール全体に高明度・低彩度のベージュ系の色を使い、目の際や目尻にアクセントカラーとして紫やピンク、青、緑などを乗せてください。

マラカイトグリーン　スカイブルー　ライラック　ライトモーヴ　ブルーグレー

●チーク

淡いピンクのチークでロマンチックに

　ロマンチックでエレガントなイメージがあるので、ほお全体に乗せた淡いピンクのチークなどはとてもよく似合います。またほお骨の際に沿って、ライトモーヴなどをシャドーのように入れるとアダルトな雰囲気になります。

スモーキーピンク　ライトモーヴ　ローズクォーツ

●リップ

もっとも似合うピンクのバリエーションで

　赤系ではラズベリー、ウォーターメロンなど、鮮やかでもどこかにソフトな感じを残した軽やかな色が似合います。またピンクは夏の人にもっとも似合う色なので、清色から中間色までさまざまなピンクを試してください。

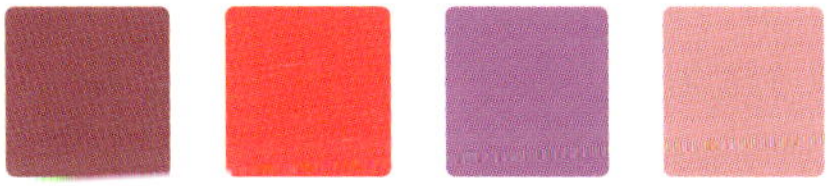

ラズベリー　ウォーターメロン　ソフトフューシャ　スモーキーピンク

Part2　Lesson5　●フォーシーズンのコーディネート術

85
Personal Color

ヘアスタイル＆カラー

カール感のある ヘアスタイルに 軽やかなヘアカラーを

　ヘアスタイルは手入れの行き届いたウェーブのデザインが、夏の人のエレガントな雰囲気によく似合います。

　ヘアカラーはスモーキーで軽やかな茶色がおすすめです。ローズブラウンやココアブラウンのように、赤みのある色も似合います。ブルーベースの場合、茶色でもピンクや赤みを含んでいますが、赤みのある茶色はヘアカラーでは比較的色みが出しやすく失敗することも少ないようです。

　なお、街で美しい白髪に紫やピンクのヘアカラーをしている人を見かけますが、そういった色を楽しめるのも夏の人です。

エレガントな印象
ローズ系の茶色は、おしゃれでエレガントな雰囲気をかもし出します

ローズ ブラウン

落ち着きのある印象
やや赤み寄りの茶色は、シックで落ち着いた雰囲気になります

ココア ブラウン

フェミニンな印象
明るめの茶色は、ソフトでフェミニンな印象に仕上がります

アッシュ ブラウン

小　　物

オーソドックスで 上品な形がおすすめ

　丸みのある小ぶりな形や、オーソドックスで品のよい形が似合います。金属はプラチナやシルバーでもあまり光沢の強くないものや、ゴールドではピンクゴールドがよいでしょう。パールはどのシーズンの人にも似合う色がありますが、なんといっても夏の人にふさわしいアイテムです。スカーフはシフォンなど、繊細な素材のものを何枚か持っていると便利です。

繊細＆華奢
上品な雰囲気の夏の人には、繊細で華奢な感じのデザインが似合います

トータルコーディネート

パステル配色のコーディネートが得意
地味な色どうしの配色もおしゃれ

基本的に、同系や類似系のソフトでエレガントなコーディネートが得意です。その最たるものがパステル配色でしょう。ただし夏の色は色相の幅も狭く、トーンも類似しているので気をつけないとワンパターンになりがちです。一見地味な色のコーディネートにもチャレンジしてみてください。他のシーズンの人が苦手とする配色ですが、夏の人はとてもすっきりと華やかに着こなし、むしろおしゃれな雰囲気はこのコーディネートのほうが勝っているかもしれません。

夏の人らしい着こなし

ワンピースにストール、パールのネックレスは、まさにイメージにピッタリです

●おすすめの配色例

上の3つは夏の人が特に着こなせる配色例、下の3つはベースカラーに基調色の紺、グレー、茶色を用いた配色例です。

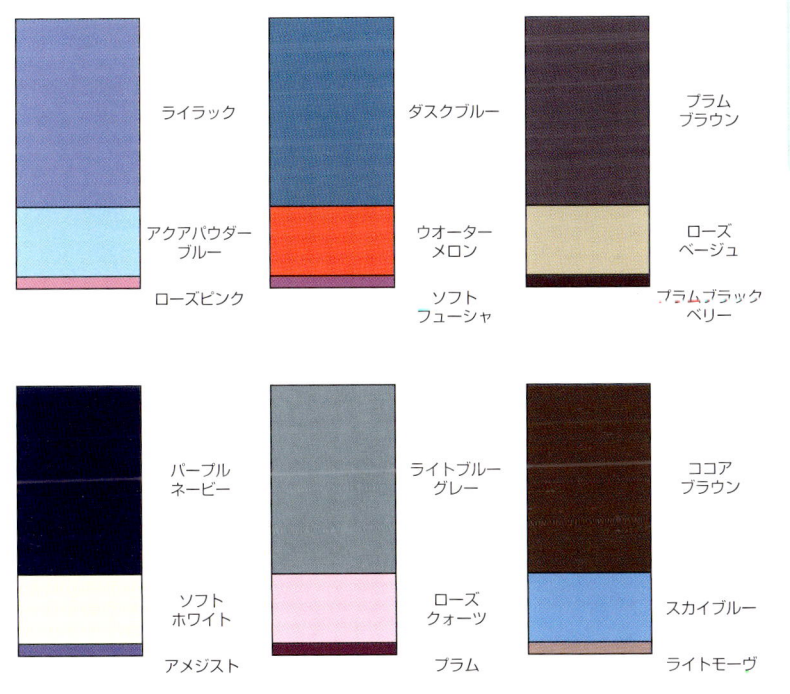

- ライラック / アクアパウダーブルー / ローズピンク
- ダスクブルー / ウォーターメロン / ソフトフューシャ
- プラムブラウン / ローズベージュ / プラムブラックベリー
- パープルネービー / ソフトホワイト / アメジスト
- ライトブルーグレー / ローズクォーツ / プラム
- ココアブラウン / スカイブルー / ライトモーヴ

Challenge

たまには、こんなシックな配色でコーディネートしたファッションもすてきです

Part2 Lesson5● フォーシーズンのコーディネート術

冬の人

存在感があって個性的なタイプ
鮮やかで強い色が似合います

　冬の人は一般的に堂々としていて、物怖じしません。もの静かでも個性的で存在感があります。しかし内面的には意外にもろく、お人好しで人情家が多いようです。

　冬の人は格調高いロイヤルブルーや原色のマゼンタをつけたとき、とても存在感のある美しさになります。やや黒みを感じさせるブルーレッドや緑も肌の色をすっきりとクリアに見せてくれます。

　肌はどこか強さや質感の重さを感じさせます。瞳は澄んでいて、白目と黒目のコントラストがはっきりしている人が多くいます。冬の色をつけたとき、その強さに負けず格調高く、つややかで、しかも冷たい感じにならないのは冬の人だけです。個性的なタイプやリーダーシップのあるタイプにこの色を好む傾向がありますが、似合う人は少ないようです。

　自分の中の"存在感のある美しさ"を自覚して上手にアレンジしてください。

色選びのコツ

鮮やかな色が多く、コントラストの効いた、はっきりした色が似合います。

似合う色はこれ

赤　冬の赤は、極めつけの赤であるトゥルーレッドや、華やかなフューシャ、鮮やかなマゼンタなどです。肌をつややかに白く見せ、よい意味で「すごみのある」印象すらアピールできます。ただし、大きい面積に使うと他を圧倒してしまうので気をつけてください。
- トゥルーレッド
- マゼンタ

黄　やや青みを感じさせるグリーンに寄った黄色が多く、鮮やかなイエローやとても淡いアイシーイエローなどが含まれています。ウールのシャツなどソフトな素材のもので、これらの黄色を着ると冬の人の強烈さが和らぎ、親しみやすい感じを人に与えます。
- イエロー
- アイシーイエロー

緑　エメラルドグリーン、黒を混ぜたパイングリーンなどが冬の緑です。低明度の緑は落ち着いた印象になるので、スーツやワンピースなどに一着持っていると便利でしょう。純色に近い緑はインナーやアクセントの小物に使うとおしゃれな印象になります。
- エメラルドグリーン
- パイングリーン

青　鮮やかで透明感のある青を上手に着こなすのは、冬の人ならではのワザです。クリヤーティールやロイヤルブルーなどのジャケットと真っ白なシャツを合わせると、シャープでクールな感じになります。アクセントカラーは高彩度の冬の色なら何でもOKでしょう。
- クリヤーティール
- ロイヤルブルー

モノトーン　モノトーンを着こなせるのは冬の人です。白と黒、グレーと黒、白とグレー、そして鮮やかなアクセントカラーでビシッと決まります。ピュアホワイト、ブラック、トゥルーグレーといった他の色みの混じっていない本物のモノトーンがいちばん似合います。
- ピュアホワイト
- トゥルーグレー

メ イ ク　冬のイメージに合わせて　シャープでクールな印象に

冬の人のベストメイク

鮮やかでコントラストのはっきりした色使いが、存在感を際立たせます

●ファンデーション

ブルーベースの肌にはピンク系

"強さ"や"質感の重さ"を感じさせる肌をしています。冬の人もブルーベースの肌なので基本的にはピンク系の色が似合いますが、ベースにこだわらずに肌につけて違和感のないものを選びましょう。

ピンク系（明るめ）　ピンク系（普通）

●アイシャドー

アクセントカラーは暗めの色や鮮やかな色を

春と同じように彩度の高い清色が多いので、全体とのバランスを見る必要があります。アクセントカラーは、冬らしい暗い色や鮮やかな色を目の際から目尻にかけてつけてください。淡い色ではアイシーブルーやトゥルーグレーなどが似合います。

ロイヤルパープル　アイシーピンク　アイシーブルー　トゥルーグレー　グレーベージュ

●チーク

深みのあるローズでアダルトな雰囲気に

冬の人は、やや青みに寄ったピンク系の色が似合います。ほお全体にうっすらとつけると、血色をよく見せる効果があります。深みのある色のバーガンディーをほお骨の下に沿ってうっすらとつけると、アダルトな雰囲気が出てよいでしょう。

ショッキングピンク　バーガンディー　アイシーピンク

●リップ

鮮やかで澄んだ色選びを

赤ならブルーレッドやトゥルーレッド、マゼンタもきれいです。ピンクなら澄んだ色を選んだほうがよいでしょう。アイメイクを強調したいときは彩度の低い、ほとんど色みのないローズベージュ系の色にするとバランスが取れます。

ブルーレッド　トゥルーレッド　マゼンタ　ショッキングピンク

Part2　Lesson5　フォーシーズンのコーディネート術

ヘアスタイル＆カラー

シャープな印象の
ヘアスタイルに
暗めのヘアカラーを

　ヘアスタイルは冬の人のシャープなイメージに合う、ボブやベリーショートなどがおすすめです。

　ヘアカラーは基本的に暗い色が合い、かなり暗めの茶色もスタイリッシュな雰囲気に仕上がります。茶色の中でも、赤みのあるクールブラウンなどが似合います。

　ただし暗い色は全体の印象が重くなるので、身長とのバランスや髪の長さも考慮に入れて美容師に相談してください。冬の人は黒髪も似合います。アッシュ系の色をメッシュで入れるのもおしゃれです。

キャリアっぽい印象
やや暗めの茶色は、大人の雰囲気でキャリア風に仕上がります

チャコールブラウン

スタイリッシュな印象
ほとんど黒に近いダークな茶色は、スタイリッシュな印象になります

ブラックブラウン

モダンな印象
赤みのある明るいブラウンは、モダンで華やかな雰囲気に仕上がります

クールブラウン

小　　物

デザイン性が高く
重厚感のあるものを

　デザイン性の高い、大きな指輪やイヤリングが似合います。金属ではプラチナやシルバーなど、光沢の強いものがおすすめです。アクセサリーはつけるならかなりインパクトのあるアイテムを複数つけても大丈夫です。アクセサリーをつけないのなら一切何もしないのも、冬の人ならではのコーディネートのテクニックです。

インパクト＆華やか
個性的な冬の人には、インパクトのあるデザインや華やかなものが似合います

トータルコーディネート

モノトーンのコーディネートが得意
パステル調で、いつもと一味違う印象に

冬の人は清色がよく似合います。その特徴を生かしてコーディネートしましょう。

明暗のはっきりした低彩度どうしの配色は、冬の人をとてもスタイリッシュに見せてくれます。その極端な配色が白と黒です。他のグループの人がかなわない、冬の人ならではの配色です。

冬の色の中から明るくて軽やかな色だけを選んでコーディネートすると、冬のパステルカラーが楽しめます。普段のイメージとは一味違ったおしゃれな印象になります。

冬の人らしい着こなし

ジャケットにパンツ、アクセサリーに大きめのチョーカー。まさに冬の人らしい着こなしです

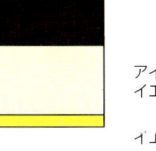

Challenge

ときには、こんなファッションも。アクセントカラーとしてカラフルな色もおすすめ

● おすすめの配色例

上の3つは冬の人が特に着こなせる配色例、下の3つはベースカラーに基調色の紺、グレー、茶色を用いた配色例です。

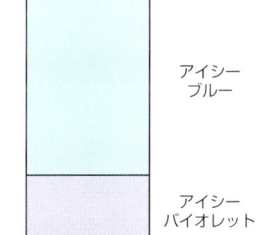

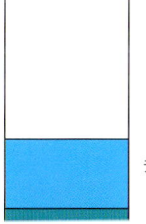

フューシャ	アイシーブルー	ピュアホワイト
ブラック	アイシーバイオレット	チャイニーズブルー
トゥルーグレー	アイシーピンク	ブルーマラカイト

ネービー	チャコールグレー	ブラックブラウン
ピュアホワイト	グレーベージュ	アイシーイエロー
マゼンタ	アイシーピンク	イエロー

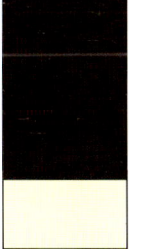

Part 2 Lesson 5 ● フォーシーズンのコーディネート術

Lesson ⑥ 色選びでイメージアップ

あなたのパーソナルカラーを使うと、ファッションコーディネートやイメージアップもより効果的にでき、トラブルのケアもできます。色の上手な取り入れ方を紹介しましょう。

パーソナルカラーを使ってコーディネート自在

フォーシーズンのイメージを演出に生かしましょう

フォーシーズン分類は、グループ内の色を選べば簡単にバランスよくコーディネートできるというすばらしい特徴があります。色の三属性とトーンの共通項をグループ化したため、各グループに統一感があるからです。各グループのイメージの特徴を理解して演出に生かしましょう。

あなたのパーソナルカラーを理解したらアレンジ自在！

パーソナルカラー以外のシーズンの色は、着られないのでしょうか？　そんなことはありません。

例えば、黒は冬の人しか着られないのではなく、冬の人には似合うという意味です。ほかのグループの人は、黒が自分に似合う色相、明度、彩度、トーンとどのように組み合わせたら効果的かに注意を払えばよいのです。

秋の人なら低明度が似合い、イメージ的にも冬と似たシーズンですから、口紅ひとつを秋の色にすれば、かなり着こなせます。春の人はクリアな感じは共有しているので、ゴールドと組み合わせたり口紅をやや朱赤系にしたり、黒を暗い重いイメージで使わなければよいのです。夏の人はベースが同じなため、中間色のサブカラーを組み合わせてどこかに柔らかさを出せればよいでしょう。

このように、まず、あなたのパーソナルカラーをしっかり理解してから、違うシーズンの色やイメージに挑戦していけば、アレンジの幅も広がります。あなたもさっそく、パーソナルカラーの持っている力を生かして、なりたい理想の自分を演出してみましょう。

また、くすみを目立たなくさせたり、小顔に見せたりするパーソナルカラーのトラブル解消効果も実感してみてください。

TPO別演出編

あなたのパーソナルカラーの配色をフルに使って、TPOに合わせたコーディネートをしましょう。

華やかなイベントでの講師役を成功させたい

こんな演出がしたい：パーソナルカラリストの女性です。企業からホテルイベントの講師を依頼され、クライアントと会い、ホテルのオーナーと打ち合わせの会食をする予定。いざ勝負服！ 華やかながら仕事もできるところをアピールしたいところです。

解決策：優しさの中にもすっきりとした感じになる清色がぴったりです。華やかでさわやかにお客様を惹きつける力のある講師のイメージを演出できます。仕事なので形はスーツにし、夏の色のエレガンスと軽やかさに、ゴージャスなインパクトを加えました。

POINT スカートをグレーにすると、もう少しソフトに見えます

POINT 黒のスカートで華やかなスーツ姿にシャープさをプラス

●上からジャケット、スカート、小物の色

春の人
- コーラルピンク
- エレファント
- アイボリー

夏の人
- ローズクォーツ
- ブラック
- ソフトホワイト

秋の人
- サーモン
- ダークブラウン
- オイスターホワイト

冬の人
- トゥルーレッド
- チャコールグレー
- ピュアホワイト

写真は夏のコーディネート例です

Part2 Lesson6 ● 色選びでイメージアップ

こんな演出がしたい：
今日はデート。海辺の街を散歩してレストランで食事をする予定です。ロマンチックな雰囲気に合わせたいものです。

解決策： スカートは薄い柔らかな素材で、夏の人にもっとも似合うソフトで曖昧な3色を配したプリント模様にしました。アンサンブルは、しなやかなニットで、スカートの配色から、1色を選んで。

●スカートの配色

春の人	夏の人
シェルピンク	ライトモーヴ
パールピンク	アメジスト
ラベンダー	ライラック

秋の人	冬の人
ライトサーモン	アイシーピンク
アプリコット	アイシーブルー
ブルーウォッシュ	アイシーバイオレット

フェミニンに優しい雰囲気に見せたい

POINT
色と形と素材が一体となって優しいロマンチックさが出ます

写真は夏のコーディネート例です

仕事ができると思われたい

POINT
明度差の大きいコントラスト配色で緊張感と威厳を出して

こんな演出がしたい： 今日は企画のプレゼンテーションです。仕事を任され、信頼される雰囲気を出したいと思っています。

解決策： 明度差の大きい紺と白のコントラスト配色がおすすめ。夏の人に似合う紺は少し紫がかったナス紺です。夏の人のコントラスト配色はどこかソフト感が残りおしゃれです。

●上はシャツ、下はスーツの色

春の人	夏の人
アイボリー	ソフトホワイト
ネービー	パープルネービー

秋の人	冬の人
オイスターホワイト	ピュアホワイト
マリンネービー	ネービー

写真は夏のコーディネート例です

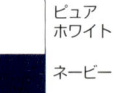

親しみをもたれたい

こんな演出がしたい：忙しいと、つい厳しい表情になりがち。クライアントや同僚からも慕われ親しまれる、職場の潤滑油を目指しています。

解決策：色で親しみを持たれる要素は暖色系、明るい色、類似配色で、春の色がもっとも効果的。夏の色や冬の色は基本的に寒色系なので、ピンクや赤、黄色や緑などで工夫しましょう。また、パーソナルカラーはあなたのいちばんよい表情を引き出すパワーはあるので、あなたのシーズンの色から明るめの類似配色を試してみて。パステル配色が好例です。そして優しくにっこり微笑んでください。写真は明るい秋の色のコーディネートです。

POINT 暖色系、明るい色、類似配色で、春の色が効果的です

POINT あなたのパーソナルカラーの明るめの類似配色でまとめましょう

●上からスカーフ、シャツ、スカートの色（類似配色）

春の人
- カメリア
- パールピンク
- キャメル

夏の人
- ソフトフューシャ
- スモーキーピンク
- ココアブラウン

秋の人
- サーモンピンク
- アプリコット
- コーヒーブラウン

冬の人
- アイシーピンク
- アイシーバイオレット
- ドーブ

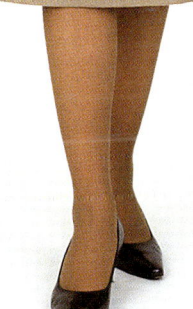

Part2 Lesson6 ● 色選びでイメージアップ

写真は秋のコーディネートイメージです

イメージアップ編

パーソナルカラーはチャームアップ効果抜群！ あなたの長所が引き出され、表情も生き生きしてきます。

血色よく見せたい

●血色をよく見せる色

春の人	秋の人	夏の人	冬の人
オレンジレッド	ラスト	ウォーターメロン	トゥルーレッド
アップルグリーン	ライトモス	マラカイトグリーン	エメラルドグリーン

POINT
赤系、ピンク系の暖色、高彩度、清色を選ぶ。緑も補色効果でよい

イメージをよくしたい！：明るい色を選べば血色よく見えますか？

解決策：血色よく見せやすいのはイエローベースです。ブルーベースは血色を抑え色白に見せます。夏の色はフォーシーズンでもっとも色が白くなりますが、血色悪く見えやすいので注意です。写真は秋のマスタードでもっとも血色がよく出る色のひとつです。

写真は秋のコーディネートイメージです

色白に見せたい

イメージをよくしたい！：顔がくすむので色白に見せたいのですが…

解決策：色白に見せやすいのはブルーベースの色です。でも、どのシーズンも、色相は青系・ピンク系・紫系、高明度、低彩度、準無彩色ならきれいな色白肌に見えます。写真は準無彩色という色みのほとんどない極低彩度の色。

●肌色を白く見せる色

春の人	秋の人	夏の人	冬の人
シェルピンク	ブルーウォッシュ	ライラック	アイシーピンク
ラベンダー	ライトサーモン	ローズクォーツ	アイシーブルー

POINT
青系・ピンク系・紫系の色相、高明度、低彩度、準無彩色を選びましょう

写真は夏のコーディネートイメージです

ツヤとハリのある顔に

イメージをよくしたい！：顔にツヤやハリを出したいのですが…

解決策：イエローベースのように色みがあるほどツヤが出ます。清色・高彩度の色も効果が出ます。秋、夏、冬の人もこの条件を参考にすれば、ほどよいお似合いのツヤが出ます。写真はもっともツヤの出やすい春の赤のセーターです。

●ツヤを出す色

春の人		夏の人	
■	ブライトイエローグリーン	■	ローズピンク
■	オレンジ	■	スカイブルー

秋の人		冬の人	
■	レッドパプリカ	■	マゼンタ
■	パープル	■	ロイヤルブルー

POINT　清色・高彩度の色を選びましょう

写真は春のコーディネートイメージです

ツヤを抑えたい

イメージをよくしたい！：肌質がオイリーです。光沢感を抑えるには…

解決策：第一の条件は中間色です。中間色で低彩度、または中間色で高明度でも色ツヤが抑えられます。中間色は輪郭や顔の中の線をソフトにぼかし、全体的に顔色が滑らかな印象になります。イエローベース、ブルーベースを問わず効果が出ます。

●ツヤを押さえる色

春の人		夏の人	
■	ハニーベージュ	■	ライトモーヴ
■	ライトウォームグレー	■	スモーキーブルー

秋の人		冬の人	
■	ライトサーモン	■	トゥルーグレー
■	ライム	■	ドーブ

POINT　できるだけ中間色の色を選びましょう

写真は夏のコーディネートイメージです

Part2　Lesson6　●色選びでイメージアップ

若々しく見せたい

Before：普段は、夏の色と、エレガントなテイストの洋服を選んでいます。

After：秋の明るい中間色から親しむようにし、徐々に秋らしい、暗めの色にも挑戦してみました。彼女の優しさや美しさは、むしろ秋のシャープなカッコよさの中で引き立ちます。甘さを控えた秋のコーディネートでかえって若々しさや、知的な大人の優しさを演出できたようです。Beforeの写真は夏の色のセーターです。

← Before

POINT 思い切ってシャープな配色が若々しく見せる要素に

●明るい中間色から秋の暗い色へ

最初の色	次の色	写真の色
ライトモーヴ	ライトサーモン	マリンネービー

写真は秋のコーディネート例です

あでやかに変身

Before：夏の色が好きで愛用の口紅は寒色系のピンク。平凡な印象を変えてみたいと思います。

After：中間色がとても合うので夏の色もよいのですが、やや物足りなく、ベースは色みを出すイエローベースの中からゴージャスな秋を採用。髪も豊かなので、写真のようにラフなアップにすると、とても似合い写真のように大変身。あなたも新しい自分を発見してみましょう。Beforeは変身前の冬の色の写真です。

← Before

POINT 似合う色の特徴がわかったら、さらに長所を引き出す工夫もしてみて

●冬の清色から秋の中間色へ

最初の色	次の色	写真の色
ピュアホワイト	マラカイトグリーン	マホガニー

写真は秋のコーディネート例です

小顔に見せたい

Before: フェイスラインが少しふっくらしているのが悩みの種。普段は、春の色が好きです。

After: 顔の輪郭を小さく見せる条件は、清色、低明度のブルーベースの冬の色。彼女も暗い色や、清色、顔から赤みを引いて色白に見せるブルーベースが似合いました。春、秋、夏の色の方も冬のこの条件を参考に。シャープさが加わり小粋な感じになりました。

POINT: 清色、低明度の寒色系の色相が小顔の秘訣

●引きしめ効果の高い色

春の人	秋の人	夏の人	冬の人
エレファント	パープル	パープルネービー	チャコールグレー
ネービー	マリンネービー	ローズブラウン	ネービー

写真は冬のコーディネート例です

大人っぽく見せたい

Before: 普段の服は春か夏の色の明るめのカワイイ色ですが、寂しい印象があり、年より幼く見えるのが悩みです。

After: 秋の色で、肌にはツヤが出て、中間色で輪郭が立体的になりました。メイクアップも秋の色で大人顔に。髪も大きなカーラーで巻いて動きを出し、若さに年相応の華やかさを表現して。ほかのシーズンも秋の色を参考に。

POINT: 低彩度のシックな色は大人の雰囲気が出ます

●大人っぽくシックに見える色

春の人	秋の人	夏の人	冬の人
ライトウォームグレー	モスグリーン	プラムブラウン	バーガンディー
ベージュ	エッグプラント	ダウングレー	グレーカーキ

写真は秋のコーディネート例です

トラブル編

パーソナルカラーは、肌のトラブルケアにも即効力を発揮します。肌の悩みを解決してくれる色の選び方を紹介しましょう。

シミ・クマ・くすみを隠したい

POINT
暖色系の色相で、明るい色が効果的。ブルーベースもこの条件にならってみて

Before： 地味な夏の中間色を着ると暗い印象があります。疲れると目の下に大きなクマが出てしまいます。

After： イエローベースで、明るい色に効果があります。彼女は春の色のうち、鮮やかで明るい色が似合いました。澄んだ明るい色から派手な色に徐々に変えて春の色に慣れていくにつれ、クマも目立たなくなり、表情も生き生きとして見違えるようです。清色で肌にハリが出ましたが、人によっては顔のいろいろな線が目立つため中間色がよいこともあります。

●低彩度色から高彩度色へ

最初の色	次の色	写真の色
プラムブラウン	ハニーベージュ	カナリー

写真は春のコーディネート例です

After

Before

Before

元気に見せたい

Before: 夏と冬の色が好みで明るいキャラクターの方ですが少し暗い印象になりがち。

After: 彼女の場合は、低明度が合い、ブルーベースは顔色がグレイッシュになり不健康な暗い感じに見えたのでイエローベースを採用。春の清色は顔にツヤが出すぎ落ち着きません。秋の色は血色もよく、顔にツヤも出て、元気そうに見えます。ヘアラインも外にハネさせ動きを出して。好きな冬の色も効果的に取り入れました。

● 健康的に見える色

春の人	秋の人	夏の人	冬の人
コーラルピンク	マスタード	ウォーターメロン	ショッキングピンク
キャンドルライト	サーモン	マラカイトグリーン	チャイニーズブルー

写真は秋のコーディネート例です

POINT 高彩度の暖色系の色相を選ぶと健康的に見えます

シワを隠したい

Before: 年齢を感じさせない若々しい奥様ですが、シワを気にしています。秋の色が好さです。

After: 明るい中間色が効果的です。秋の色は黒の入った色が多く、出したくない顔の線や色素も目立ちやすくなります。中間色は肌を滑らかに見せ、線をぼかすのでシワは目立たなくなります。明るい色は顔全体の雰囲気も明るくします。この方の場合はブルーベースで顔色を白くスッキリし、華やかで若々しくなりました。夏の人がもっとも似合うエレガントなイメージです。

● 肌がなめらかに見える色

春の人	秋の人	夏の人	冬の人
パールピンク	アプリコット	ライトモーヴ	アイシーピンク
ハニーベージュ	ターコイズ	アクアパウダーブルー	グレーベージュ

写真は夏のコーディネート例です

POINT 顔全体の印象を明るくソフトにすると肌も滑らかに

Part2 Lesson6 ● 色選びでイメージアップ

Lesson ❼
暮らしを彩る カラーテクニック

フォーシーズン分類を、インテリアのカラーコーディネートや衣類、日用雑貨の整理などにも活用してみましょう。

フォーシーズンのイメージ分類を日常生活に生かしましょう

フォーシーズンのイメージ分類は生活空間の便利な配色ツールです

　パーソナルカラーのフォーシーズン分類の各グループには、はっきりとしたイメージの特徴があります。このイメージは、「似合う色」を探すとき以外にも、いろいろな分野のカラーコーディネートの際に配色ツールとして役立てることができます。

　インテリア、庭や外壁のデザイン、フラワーアレンジなど、身近な生活空間の中で活用できることがたくさんあるのです。場合によって似合う色と連動させてみたり、ＴＰＯに応じて、この４つの分類を使いこなしてみましょう。

　フォーシーズンのイメージワードを整理してみると右の図のようになります。例えば、インテリアコーディネートする際、まず最初に、木彫の家具を置いてクラシックな感じにしたいというようにイメージを固めます。フォーシーズン分類のイメージに当てはめると秋の色が

フォーシーズンの代表イメージキーワード

春	夏
キュート カジュアル スポーティ	エレガント ロマンチック フェミニン

秋	冬
ナチュラル オーソドックス 和風	モダン シャープ ドラマチック

ぴったりです。ロココ調の部屋にしたいなら夏の色がいいでしょう。このように対象物のイメージに対してフォーシーズンの色を当てはめていけば、表現したいことが簡単に確実に実現できます。

インテリアに取り入れてみましょう

インテリアのカラーコーディネートに知っておくと便利なポイント

部屋のイメージのシーズンが決まったら、次は、使う色に、統一感のある色と、部分的に変化をつけバランスをとるためのアクセントカラーを選びます。

●3つのゾーンに分けて色を使い分けます

部屋の色を3つのカラーグループで構成します。ベースカラーとサブカラーで統一感を出し、アクセントカラーで変化を出します。

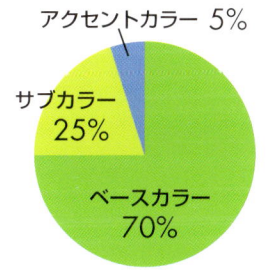

アクセントカラー 5%
サブカラー 25%
ベースカラー 70%

ベースカラー
床、壁、天井のように大きい面積の部分で、部屋の色の基調となります。1色ではなくても構いません。

サブカラー
ドアや建具、大きな家具やカーテンなどベースカラーを調整してバランスをとる色です。1色ではなく、複数の似た色でも構いません。

アクセントカラー
全体の約5%という小さい面積で、置物やクッションなど、空間にメリハリをつけるスパイス的な色です。

●3段階の明度を取り入れましょう

住空間の中で、明度は、床→壁→天井の順で上がっていきます。床がいちばん暗く天井がいちばん明るいという法則です。最近の住宅では、床の明度がかなり高くなってきていますが、原則として覚えておきましょう。

イメージに合わせた色選びのポイント

フォーシーズン分類のイメージキーワードをもとに、あなたのイメージした部屋を作りましょう

カジュアルでモダンな部屋にしたい…

春のカラーでまとめましょう

スケルトンの家具も合います。ハードモダンを取り入れる場合は冬の色を使って

和室のコーディネートは…

秋のカラーでまとめましょう

重々しい正統派のイメージやカントリーのイメージに秋の色がしっくりきます

エレガントな雰囲気を出したい…

夏のカラーでまとめましょう

エレガントな雰囲気の部屋にはソフトな夏の色でロマンチックなイメージもプラスできます

モダンでシャープなイメージの部屋に…

冬のカラーでまとめましょう

アクセントは思い切り純色で組み合わせるとスタイリッシュでモダンな部屋ができあかります

Part2 Lesson7 ● 暮らしを彩るカラーテクニック

イエローベースとブルーベースで部屋の雰囲気も変わります

同じ色相を使っても感じが変わります

今度は同じような色相のイエローベースとブルーベースの部屋を比べましょう。条件は下記の通りです。

条件
- 床はブラウン
- 壁はベージュ
- 天井は双方とも同じ白を用いることとして除く
- アクセントカラーは赤と緑

比べてみると

同じベージュのベースカラーと茶色のサブカラー、赤と緑のアクセントカラーを配色した結果ですが、イエローベースでまとめた部屋はナチュラルで温かいイメージに、ブルーベースのほうはエレガントで落ち着いた雰囲気になりました。イエローベースのグループとブルーベースのグループは、同じ系統の色相でありながら、まったく違った雰囲気を出すのです。

イエローベース でまとめると

床の色　壁の色　アクセントカラー

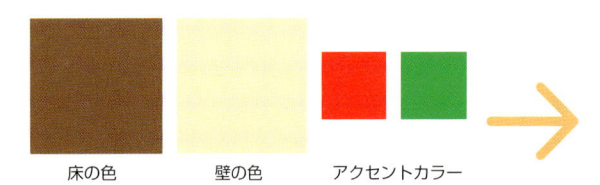

ナチュラルで温かい感じの部屋になる

ブルーベース でまとめると

床の色　壁の色　アクセントカラー

エレガントで落ち着いた部屋になる

暖色の部屋で解放感アップ、寒色の部屋でリラックス

居心地に影響する色のはたらき

色は心理面と深く結びついています。例えば、ベージュや茶色、渋い緑でしつらえた和室にいると、不思議と気持ちが落ち着いた経験もあるでしょう。色を意識的に選べば、気持ちよく過ごせる空間を作れるのです。では、どんな色がどのように心理に働きかけるのでしょうか。ここでは、暖色と寒色の2通りの色の部屋ではどのような心理作用が働くのか見てみましょう。

暖色 でまとめると

インテリアの色の大半は暖色です。一般に、暖色系・高明度・低彩度の3つの条件で演出されている部屋が多いようです。暖かみがあり明るく安らげる空間は公共スペースとしても、また、玄関や居間などお客様を迎えたり、住人が集まる居間にももっとも適切だからです。

具体的にはベージュやクリーム色、淡いコーラルピンクなどが用いられます。病院では回復期の患者の部屋を暖色にしているところもあります。看護師のピンクの制服も、患者の緊張感を解きほぐす効果があります。高齢者や寝たきりの方の部屋は、心持ち彩度を上げ落ち着いた中にも元気づける暖色系の壁紙などがおすすめです。また元気に過ごさせたい子どもの部屋は明るい暖色系で、色数も少し多めに楽しい部屋にするとよいでしょう。

寒色 でまとめると

寒色はインテリアコーディネートの色選びではあまり取り入れられていません。

この場合の寒色は青を中心とした色です。ブルーベース・イエローベースのような分類ではありません。居住空間に寒色を使うと、気持ちの沈静作用が認められます。気持ちを落ち着かせ癒す空間は具体的には寝室や書斎のような部屋です。ベージュやブラウンも気持ちをくつろがせる色ですが、あえて鎮静を求めるためには空間に寒色を用います。ある病院では絶対安静を必要とする患者の病室は寒色でコーディネートされているそうです。このほか、勉強に励まなければならない受験生や、少々活発な子どもの部屋を寒色系の色でまとめると勉強に集中することのできる、落ち着いた空間になります。

緊張感が解きほぐされ、元気も出てくる暖色系・高明度・低彩度の部屋

寒色系・高明度・低彩度の部屋で気持ちをクールダウン

収納に大活躍のカラーテクニック

物を美しく整理することができたらどんなに気持ちよいでしょう。四季を通じて出し入れする衣服や、どこにしまったわからないような細々した日用品を、すっきり収納する方法はないでしょうか。実はこんなときでも色が役に立ちます。さっそく衣類から始めましょう。

● 衣類の整理法

Step 1 衣服をすべて出し、色相環順に並べる

始めに、持っている衣服すべてを出して色分けし、色相環順に並べます。どの色から並べ始めても構いませんが、赤・オレンジ・黄・緑・青・紫の順番にすると覚えやすいでしょう。ない色は飛ばしていきます。

Step 2 中間色の服は純色の服のそばに

茶色やピンクなど純色でない色は、純色（色相環の色）の中の近いところに置く場所を決めます。これによって同じブラウンやピンクの衣類でも、置いた場所によってブルーベースかイエローベースかがすぐわかります。

Step 3 衣類をオフシーズンとオンシーズンに分ける

オフシーズンの衣類とオンシーズンの衣類に分け、それぞれ色相環順に並べます。オフシーズンの衣類はボックスに収納、オンシーズンの衣類はハンガーにかけます。

Step 4 着ない衣類＆シーズンの違う衣類を処分する

あなたのシーズンではない色の衣類はまとめ、別に用意しておいた処分箱に入れます。次に、あまり着ない衣類も処分箱に入れましょう。これはシーズンに関係なく、3年着ないものは入れるようにします。

CHECK 1 あなたの好きな色の衣類はどのグループ？

ここで一度、衣類すべてを眺めてください。持っている衣類に色の偏りがありますか？　どこかのシーズンが多いのなら、それがあなたの好きな色のグループです。パーソナルカラーと同じかどうか確認してみましょう。

CHECK 2 配色レッスンをしてみましょう

同一、類似、対照の組み合わせをしてみます。今まで組み合わせたことのないアイテムどうしも新鮮な着合わせになりませんか？　春色のセーター、ブーツなど、必要なアイテムに気づいたら、専用ノートに書き出すと便利です。

● 書類の整理法

Step 1 箱を4つ用意します

重要書類用と3年分の書類入れです。重要書類を入れる箱を決めたら、残りを1年ごとに箱に入れていきます。

Step 2 若さと成熟のイメージを表す色シールを箱に貼る

年は文字で書かず、今年の書類の箱には若々しいオレンジ赤、去年のには朱赤、一昨年のには成熟の赤紫のシールを貼ります。1年ごとに書類を入れ替え、古い順に処分します。

● 日用品の整理法

Step 1 日用品を用途別に色分けする

日用品のテーマカラーを用途別や部屋別に決めます。用途や場所のイメージカラーにするのがポイントです。

Step 2 収納場所にテーマカラー別ボックスを用意

物置や収納棚に置くボックスもイメージカラーに合わせましょう。Step 1 で分けたものをしまいます。備品もできるだけイメージカラーで揃えるとすっきりします。

パーソナルカラーを暮らしのパートナーに

あなたの感性でパーソナルカラーに磨きをかけましょう

　パーソナルカラーの分類はインテリアで見てきたように、生活のいろいろな場面で活用できます。「イメージを色に結びつけること」と、「色をイメージに結びつけること」は感性の訓練にもなりますのでゲーム感覚で試してみてください。

　例えば一般的なイメージの「おかあさん」はどんな色で表しますか？　温かくて優しいおかあさんなら暖色系で明るい中にも落ち着いた色…。となると「秋」の明るめの色を中心に選べばいいかもしれません。ところがウチのおかあさんは気風がよくって、威勢があって、うっかり余計なことを言おうものなら…という場合は、「冬」あたりを中心に色選びをした方がぴったりきそうです。このようにしてあなたの好きなタレントや好きな国なども、色でイメージするとどのシーズンの色になるか考えてみてください。

　本書も終わりに近づいてきましたが、パーソナルカラーを通じて色の面白さや奥深さを体験していただけたでしょうか？　微妙な色の違いでも大きな変化として感じられることや、色が皆に共通の感情効果をもたらす力がとても強いことや、かなり理論的に組み立てられることなど、パーソナルカラーという実践的な分野からのアプローチで学んできました。

　また、本書では、似合う色を診断するには客観的でなければならないと、繰り返し述べてきましたが、この色を見分ける技能を身につけた後は、さらに、あなたの感性で磨きをかけてパーソナルカラーを使いこなせるようにしましょう。あなたのパーソナルカラーによりいっそうの豊かさを与えるのはあなたの感性であり、オリジナリティです。理論と技能と感性が一体化したときパーソナルカラーはさらにあなたを輝かせてくれることでしょう。

　次のページからは、ラッピング、テーブルコーディネート、さらにペットに、パーソナルカラーを応用した実例を紹介しました。これを参考に、日常生活をパーソナルカラーで彩りましょう。

ラッピング

ラッピングの色で気持ちを伝えましょう

街で見かける美しくラッピングされた品物。ラッピングはおいしそうなお菓子やかわいい小物をさらに引き立てます。パーソナルカラーを学んだあなたなら、ラッピングの色にパーソナルカラーを活用しましょう。グループの中から色を選んで組み合わせると簡単にイメージに合うバランスよい配色ができます。

気持ちが伝わる手作り配色のラッピング紙

市販の包装紙もすてきなものがたくさんありますが、オリジナルのデザインの包装紙もきっと喜ばれます。イメージを包み紙の色に托して気持ちを伝えてみませんか。パソコン上でデザインするのもすてきですし、フリーハンドの味も捨てがたいものです。あなたらしさがより出るように色、形、素材をトータルに考えてラッピング紙を作り、配色の基本の方法を参考にして、リボンの色も決めましょう。

用意するもの
- 台紙1枚
- 絵にする色紙や雑誌のグラビア写真
- 鉛筆、紙、ものさし、のり、カッター、はさみ

1 台紙のサイズを決めましょう

贈る品物の形によって台紙のサイズを決めましょう。A3サイズに仕上げる場合は、台紙10.5cm×7.5cmです。A4サイズは台紙11cm×15cmです。正方形も、この大きさを参考にしてください。

2 デザインを考える

贈る相手や目的を考えます。贈る人のことを思いながらデザインを起こしましょう。

3 色紙を切って台紙に貼る

②のデザインをもとに、色紙やグラビア誌をはさみで切り抜いて台紙にのりで貼ります。

4 仕上げは拡大カラーコピー

③をカラーコピー機で必要な大きさまで拡大してできあがり！
10.5cm×7.5cmは400%拡大して仕上がりがA3サイズです。
11cm×15cmは200%拡大して仕上がりがA4サイズです。

5 さっそく包みましょう

パッケージにふさわしい色と素材のリボンを選びましょう。

テーブルコーディネート

色選びでおもてなしの効果アップ

今日は大切な来客の日。腕を振るってお得意料理でもてなしたいけど、和風がいいかしら、それともイタリアン？ そんな迷いもパーソナルカラーが解決。家族ぐるみの付き合いの友人一家をもてなすなら、カジュアルで楽しいイメージで演出したい、すると春の色でまとめるのがよさそうです。では、料理や食器、テーブルクロスは…、イメージに合わせれば、色も絞られてくるでしょう。ここではフォーシーズンの食卓をのぞいてみましょう。

春

日の光を浴びてピクニック気分のブランチを

春の赤いギンガムチェックのテーブルクロスに白い食器、新鮮なグリーンサラダ、香ばしいトースト。明るい春の色がピッタリです。少しロマンチックにしたい場合は、ライトトーンの夏の色でまとめます。

夏

エレガントに女友だちとのランチタイム

学生時代の女友だちを招く日です。カジュアルな春の色もいいけれど、カラフルでもエレガントになる夏の色を選びました。淡いピンクのテーブルクロス、ピンクとバイオレットの盛り花。食器は青い模様の磁器がおすすめです。

秋

大きな自然に包まれたように落ち着く和の空間

モスグリーンのクロスに、ざっくりとしたつむぎ風なマットや塗り物の和盆で和の風情が出ます。食器は陶器、箸は木製を用意できたらなお完璧です。塗り物は黒か、柿の実のような秋の赤がとてもすてきです。

冬

濃さと強さのある色でゴージャスなクリスマス

鮮やかな赤と緑は春の色にもありますが、クリスマスカラーなら冬の色の濃さと強さが似合います。にぎやかに祝う場合はゴールドを、静かに祝う場合は、深い赤紫や深い緑のワインにシルバーをアクセントカラーとしてあしらって。

🟡 ペット

ペットも一緒にカラーコーディネート

　パーソナルカラー分類は、ペットたちのイメージに当てはめることもできます。著者も犬が好きで、周囲のペット大好き仲間とも、「誰々のワンちゃんは春が似合いそう」、などと熱い議論に発展していくこともしばしばです。ここでは、犬と猫のパーソナルカラー分類データがまとまってきたので紹介します。

似合うシーズンカラーでチャームアップ！

　フォーシーズン分類のポイントは毛の色や、瞳の色、耳が立っている種類は耳の内側の色などです。

　同種類でも毛や皮の色はさまざまなので、個々のパーソナルカラーに対しては飼い主の診断におまかせします。毛の茶色がイエローベースかブルーベースか、なども目安になります。リボンや首輪、リードや胴輪など、似合う色でコーディネートするとあなたのペットはますますかわいらしくなることでしょう。

　しかし彼らは色を見分ける機能を持っていないので、彼ら自身に好きな色や似合う色の感覚は無いことを老婆心ながら付け加えておきます。ここでは、種族の色や体型、雰囲気から分類しています。

春

【犬】
シー・ズー
ゴールデン・レトリーバー
パピヨン
ブルドッグ
セント・バーナード（秋）
チワワ（夏）
柴（秋）

【猫】
雑種猫
マルチカン

夏

【犬】
シベリアン・ハスキー
ワイマラナー
シルキー・テリア
マルチーズ
アイリッシュ・セター
ダルメシアン（冬）

【猫】
アメリカンショートヘアー
スフィンクス
ノルウェーフォレストキャット

秋

【犬】
ミニチュア・ダックスフンド
チャウ・チャウ
ボクサー
セント・バーナード（春）
ヨークシャー・テリア（夏）

【猫】
ペルシャ猫
アビシニアン

冬

【犬】
ドーベルマン
日本スピッツ
スコティッシュ・テリア
ダルメシアン（夏）

【猫】
ロシアンブルー
ラグドー

【注】犬編　（　）内のシーズンという説もありました

あなたのパーソナルカラーが見つかる！

テストカラー集

テストカラー集の使い方

テストカラー集の色の構成と特徴
色の三属性やトーンの特徴がはっきり出ていて分析しやすい色を集めてあります。

- **●前半ページ**
  同系の色相のイエローベース、ブルーベースを左右見開きに選んであります。色相はピンク、緑、青です。

- **●後半ページ**
  1シーズンの色が1見開きずつ、12色ストライプ状に並んでいるストライプ式テストカラー集です。左側4色は低彩度の基調色、真ん中の4色はパステルカラー、右側4色はシーズンの特徴的な色です。

診断の仕方
66〜69ページの「診断NAVI」のように布のテストカラーを使う場合と同じです。顔の肌色とテストカラーとの調和感を観察し、似合うテストカラーの特性を三属性やトーンと照らし合わせて診断してください。

診断の注意点
一度で似合う色を見つけようとせず、比べたい要素を絞って、そのポイントだけ見るように意識して行うのが正しい診断のコツです。112〜113ページの詳しい使い方に従って診断しましょう。

＊布や紙で代用できます
テストカラー集の色や、62〜63ページのカラーパレットの色を参考にして、単色の布や紙をそろえてテストカラーにするのも一案です。各シーズンの特徴が分かりやすいテストカラーを選びます。

リップカラーシートの使い方

口紅は、顔色に強く影響するアイテムです。パーソナルカラーの口紅をつけると、よりすてきなメイクアップができます。本書オリジナルのリップカラーシートであなたに最適な色を探しましょう。

リップカラーシートの構成と特徴
各シーズンの代表的な口紅の色が3色ずつ計12色あり、たくさんの口紅を付けたイメージを簡単に見ることができます。

診断の手順
❶ 12枚のリップカラーシートをはさみで切り離し、グループごとに唇にあてて共通する印象を見つけます。
❷ 各グループの3枚を似合う色と似合わない色に振り分け、さらに似合う色を6枚に絞ります。
❸ ❷の6枚をイエローベース、ブルーベースに分けます。枚数の多いほうがあなたのベースカラーです。
❹ さらに、❷の6枚を、1枚ずつ唇に当て、似合うのが高明度か低明度か、派手（高彩度）か地味（低彩度）か、清色か中間色かを比べ、似合う色の要素を判断すると、より丁寧な診断ができます。
❺ 6枚のシートから見つけた似合う色の要素を整理します。その要素があなたのパーソナルカラーの特徴でもあります。

＊テストカラー診断の確認アイテムにもなります
テストカラー診断の仕上げに診断結果が適正かを確認する際、似合うシーズンカラーの口紅をつける代わりに、リップカラーシートを使うこともできます。

同じベースカラーのリップカラーシートを当てて確認しましょう

テストカラー集の使い方

Step❶ 似合うのはイエローベース？ ブルーベース？

イエローベースのピンクとブルーベースのピンクを比べてみます

ピンクのテストカラーの特徴 2色とも明度はほぼ同じ、彩度は中彩度、トーンではライトトーンに近く、ともに清色です

分析方法 両色を交代に比べて、どちらのベースカラーのプラス面が多く出るか見ます

		似合うとき（プラス面）	似合わないとき（マイナス面）
A	イエローベースのピンク	顔色の血色がよく見え、健康的な感じ、ツヤが出る	顔色がピカピカしたり、黄みが強く出る
B	ブルーベースのピンク	顔の色みが引いて色が白くなった、すっきりした感じ	色が白いというより、血色が悪くて不健康な感じ

似合うほうの記号を書きましょう

イエローベースの緑とブルーベースの緑を比べてみます

緑のテストカラーの特徴 2色とも低明度の緑です。明度が低くなるほど顔全体の色みが濃く出て見えます。イエロー、ブルーそれぞれの特徴はピンクよりさらにはっきり出てきます

分析方法 ピンクと同じように、プラス面、マイナス面を整理し、どちらかを選びます

		似合うとき（プラス面）	似合わないとき（マイナス面）
C	イエローベースの緑	顔色に色みが増し、つややかに感じられる	黄みが強くて、濁りやくすみが感じられる
D	ブルーベースの緑	顔色が白く、すっきりとしてかっこいいという感じ	コントラストが強すぎて影や線が出たり、硬い感じになる

似合うほうの記号を書きましょう

★A、B、C、Dを比較した結果、似合うと感じたベースカラーを書きましょう ▶

Step❷ 似合うのは明るい色？ 暗い色？

ピンク2色と緑2色を比べてみます

分析方法 ピンクが合う → 明るい色（高明度）のほうが似合っている
　　　　　　緑 が 合 う → 暗い色（低明度）のほうが似合っている

★似合うと感じた明度を書きましょう

本を顔の近くに寄せて鏡で確認してね

好き嫌いで選ばないように気をつけて！

Step ③ 似合うのは中間色？ 清色？

イエローベースの青とブルーベースの青を比べてみます

青のテストカラーの特徴 左の青は中間色で透明感が低い青です。右の青は清色で透明感が高い青です

分析方法 ピンクと同じように、プラス面、マイナス面を整理し、どちらかを選びます

		似合うとき（プラス面）	似合わないとき（マイナス面）
E	イエローベースの青	輪郭がソフトで立体感が出たり、肌が滑らかに見えたりする	肌に黄色っぽい濁りが感じられ、重苦しい
F	ブルーベースの青	輪郭がすっきりして肌にツヤが出る	線がはっきりしすぎて平面的な感じ、また、色むらや影が目立つ

★似合うと感じたトーンを書きましょう

> 似合うほうの記号を書きましょう

Step ④ まとめましょう

似合いそうなシーズンを2つまで絞り込みます

分析方法 A〜Fの似合う色の要素が、どのシーズンに多いか、60〜61ページを参考にして見つけます

- A、C、Eに○が多ければイエローベースの可能性が高い
- B、D、Fに○が多ければブルーベースの可能性が高い
- C、Eがマークされていれば中間色が似合う要素がある
- A、B、Fがマークされていれば清色が似合う要素がある
- CやDよりA、B、E、Fの方が似合うと感じれば暗い色より明るい色が似合う

似合うフォーシーズングループを絞り込みます

ストライプ式テストカラーの特徴 テストカラー集の後半は1見開きずつ1シーズンの色を12色並べたものです。左側4色は低彩度の基調色、真ん中の4色はパステルカラー、右側4色はそのシーズンの特徴的な色です

分析方法 本をずらしながら、どのあたりがフィットするか見ます。4シーズンすべてのページを当ててみて、Step①〜③の診断結果と合わせて似合うグループを絞り込みましょう

> あなたに似合うシーズンは
> 春 夏
> 秋 冬
> です。

Step ⑤ あなたのパーソナルカラーの特徴を整理しましょう

シーズン分類するほかに、特徴ひとつひとつをつかむことが似合う色を知るうえで大切です。下記のチェック項目で、あなたの傾向を整理しておきましょう

色の要素	あなたに似合う色の特徴
ベースカラーは…	イエロー・ブルー
明度は…	高・中・低
トーンは…	中間色・清色

> あてはまるところに○をつけましょう

イエローベース　ピンク

ブルーベース　ピンク

イエローベース　緑

ブルーベース　緑

イエローベース　青

ブルーベース　青

春の色

秋の色

夏の色

冬の色

株式会社パーソナルカラー研究所
スタジオHOW

トミヤマチコ主宰のスタジオHOWは、パーソナルカラーを専門的に研究し、パーソナルカラー診断や、プロのパーソナルカラリスト育成の養成講座を実施しています。卒業生は講座講師を務めるほか幅広い分野の現場で活躍しています。

＊下記の資料はスタジオHOWまでお問合せください

『はじめての色彩学』
非売品

色彩検定に対応した分かりやすい色彩理論書 冨山眞知子／野坂瑛子共著

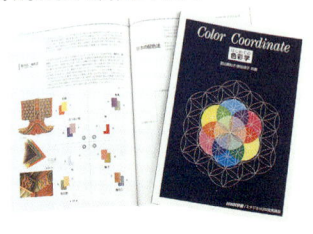

パーソナルカラー配色カード
A4判 20シート
160色・200枚
(各シーズン5シート 40色・50枚)

パーソナルカラー分類に基づいたオリジナルな配色カード

簡易版
カラースウォッチ
おしゃれで手軽な各シーズン21色の色見本帖

フォーシーズンドレープ 28色
初心者向けテストドレープ28枚セット

【スタジオHOW連絡先】
〒108-0071　東京都港区白金台5-15-1
Tel 03-3440-4717　Fax 03-3440-4710
e-mail　how@studiohow.co.jp
URL　http://www.studiohow.co.jp/

【パーソナルカラーをさらに深く学びたい方に】
通信講座・通学講座で勉強できます。ご興味のある方は、上記「スタジオHOW」までご連絡ください。詳細をご案内いたします。
- お電話の際には「本書を見て」とひと言お伝えください。
- 通信講座はNHK学園（東京都国立市）が運営しています（提携：スタジオHOW）。
- 通学講座はスタジオHOWの講師が直接指導します。
- 分析公開セミナーを月2回開催しています。未経験者は見学（無料）、経験者は参加（有料）できます。トミヤマチコが担当します。

取材協力	株式会社パーソナルカラー研究所　スタジオHOW 有限会社プランニングHOW	ヘアメイク	日下浩之（studio AD） 小野恵理子（studio AD） 高野友美（スタジオHOW）
表紙デザイン	二井美好	メイク	沼上恵里 （スタジオHOW　カラー＆イメージコンサルタント）
本文デザイン	竹下千代子		
表紙イラスト	イナキヨシコ	撮影協力	ザ・ハウス白金 〒108-0071　東京都港区白金台4-9-19 Tel　03-3449-2662 URL　http://www.the-house.co.jp
本文イラスト	CHAO 片山智恵		
撮影	森浩司		
モデル	真田ひろみ（FLOS） 松永沙由里（FLOS）	衣装協力	ハンナシグラ 〒108-0071　東京都港区白金台4-9-17 Tel　03-3473-3325